北欧ストックホルムのガーデニング
Stockholm's Garden

Introduction

北欧ストックホルムの夏。
キラキラと太陽が輝き、いきいきと緑が茂り
町ですれちがう人たちにも、ニコニコと笑顔がこぼれます。
北の国だからこそ、短い夏は大切な時間。
そして、しあわせもたくさん感じる季節なのでしょう。

ストックホルムのアーティストの家をたずねると
小さなバルコニーに、植物をたくさん置いていたり、
緑に包まれた、自慢のサマーハウスの話を聞かせてくれたり、
庭を大事にしている様子が伝わってきました。

土に触れて大地を感じたり、植物や花を育てたり、
果物や野菜、ハーブなどを収穫したり……。
ガーデニングは、まぶしい光にあふれた季節を
からだいっぱい感じるためのひとつの方法。
「森みたい！」とびっくりするような広い庭でも
アパルトマンのささやかなバルコニーでも
自然を愛する気持ちは、みんな同じです。

ストックホルムのアーティストたちが大切に育てた庭まで
さぁ、一緒にお散歩してみませんか？

ジュウ・ドゥ・ポウム

Contents

Garden

Ulla Tenman　　ウッラ・テンマン 8

Lina & Johan Rollby-Claesson　　リナ&ヨハン・ロルビー・クレソン 14

Åsa & Gugge Byred-Morinder　　オーサ&グッゲ・ビレッド・モリンデル 20

Anna-Pi Lennstrand　　アンナ・ピ・レンストランド 26

Åsa Hellberg　　オーサ・ヘルベリ 32

Katharina & Ray Evans-Olsson　　カタリナ&レイ・エヴァンス・オルソン 40

Jeanette & Martin Danielson / Anne & Gunnar Pettersson
イャネッテ&マルティン・ダニエルソン / アンネ&グンナル・ペッテルソン 43

Balcony

Hanna Werning & Joakim Ericson
ハンナ・ウェルニング&ヨアキム・エリクソン 43

Saga Ekman　　サガ・エクマン 52

Lilian Bäckman　　リリアン・ベックマン 54

Andrea Sjöström　　アンドレア・ショーストローム 56

Cilla Lindberg　　シッラ・リンドベリ 58

Koloni

Olev Nöu　オレフ・ヌー 62

Bettan Von Horn　ベッタン・フォン・ホーン 70

Walking in Koloni　セーデルマルムのコロニーめぐり 76

Public Garden & Park

Skansen　スカンセン 86

Bergianska Trädgården　ベルジャンスカ・トレッドゴード 94

Rosendals Trädgård　ローゼンダール・トレッドゴード 98

Slottsträdgården Ulriksdal　スロッツトレッドゴーデン・ウルリクスダール 106

Haga Park　ハーガ公園 114

Zetas Trädgård　ゼタス・トレッドゴード 120

Garden

ストックホルムの庭は、木立や野原に囲まれて、とても広々としています。大きく成長したカエデや松などの木々に包みこまれ、まるで森のような庭も。そんな広い庭で、ストックホルムの人たちは、それぞれのガーデニングを楽しんでいます。ミニ菜園を作ったり、季節の花々を植えたり、テーブルを出してお茶や食事をしたり、小屋を手作りしたり、アート作品を置いてみたり……。自由にのびのびと庭を楽しむ様子は、ストックホルムの自然と同じ、おおらかさに満ちています。

青い空の下のガーデン・ルーム
Ulla Tenman　ウッラ・テンマン

レイメスホルムは、ストックホルムの中心にある小さな島。
デザイナーのウッラが暮らすアパルトマンは、
とても静かなこの島のおだやかな海辺にありました。
ウッラは、船乗りのご主人と
シグネとグスタフ、ふたりの子どもたちと一緒に
1940年に建てられたアパルトマンの1階に暮らしています。
庭は、部屋とちょうど同じくらいの広さ。
さわやかな朝は、庭に出てヨガをしてリラックスしたり、
午後の日ざしの下で、デッキチェアに座って、うたたねしたり
シナモンロールとミルクで子どもたちと一緒におやつにしたり……。
ウッラの庭は、アパルトマンのもうひとつの部屋のようです。

左上：テラスに飾った額入りの作品は、ウッラが家をテーマに描いたもの。**右中**：ピンクのシャンデリアを飾り付けたのは、娘のシグネ。**左下**：木製のプランターに座る白雪姫は、のみの市で見つけたもの。ミニ菜園が子どもたちの人形遊びの舞台に。**中下**：ウッラが天使のイラストをペイントしたタイルを、フェンスのデコレーションに。

上：キッチンクロスは、ウッラのプロジェクトパートナー、リリアンがデザインしたもの。左下：友だちからプレゼントされたハート柄のフラワーベースに、シグネがつんだ花をいけて。オレンジレッドのミニテーブルは「ハビタ」で見つけたもの。右下：さくらの木の下のデッキチェアに置いた、クッションはウッラが手がけた子どものためのコレクションのひとつ。

庭で使っている、素朴なタッチで植物が描かれたクッションやトレイは、ウッラが友だちのリリアンと一緒に参加しているユニークな活動から生まれたものです。その活動とは、スウェーデンにやってきた、さまざまな国籍の女性の暮らしを支えるプロジェクト。スウェーデン語を学んでもらいながら、女性たちの創造性をテキスタイルや小物として表現しています。彼女たちがデザインする、美しい色使いのモダンな雑貨は大人気。人にやさしい国スウェーデンらしさと、北欧デザインの魅力を感じられる、すばらしい活動です。

左上：バードハウスにやってくるのは、スズメやツグミ、シジュウカラなどの小鳥たち。**左中**：ねずみのぬいぐるみは、リリアンの作品。**右上**：庭先にはシグネとグスタフのおままごとテーブルも。**左下**：金魚モチーフの赤いクッションは、リリアンの作品。青いプランターに入れたトマトの苗は、これから植え替えようとしているところ。**右下**：グスタフがかわいがっているネコのスヌ。

アパルトマンの公園へ

ウッラの庭から緑のアーチをくぐると、アパルトマンの住人のための公園に出ることができます。子どもたちがかわいがっているうさぎの小屋、そして菜園や広場、さらに進むと海へ出ます。このさんばしから、海へ遊びにいくのだそう……。

緑の芝生にふりそそぐ花のシャワー

Lina & Johan Rollby-Claesson　リナ＆ヨハン・ロルビー・クレソン

リナとヨハン、そして3人の男の子たちに会いに
リディンゴー島にある、緑の草原の中の一軒家へ。
いまではストックホルムでもめずらしい、
サクラソウやオダマキなどの姿が見られる森や丘も、
リナとヨハンたち家族の広い庭の一部です。
夏のはじめの庭では、家族が愛情を注いだ植物たちが
そのかわいらしい花を、色とりどりに咲かせます。
白いコデマリの花と、香りのよいライラックに囲まれる
テラスで、リナとヨハンは午後のお茶を準備。
子どもたちは、はだしになって芝生の上へ。
気持ちのよさそうな笑顔から、家族のみんなが
この庭を大好きという気持ちが伝わってきます。

左上：10歳のアレックスと9歳のオーガスト。年が近いふたりは、いい遊び仲間。右上：リナとヨハンが好きなモールバッカの花。おばあちゃんとの思い出のような、やさしいノスタルジーを感じます。右中：素焼きのつぼ型のプランターに、スイートピーとロベリアを寄せ植え。丸い石は、スウェーデン西部にあるサマーハウスで集めてきたもの。左下：花盛りのライラック。

上：あたたかなクリームイエロー色のリナとヨハンの家。昔からの景色を守るため、このあたりでは外壁の色を家が建てられた当時のままに。左中：玄関で私たちを出迎えてくれた、スウェーデン国旗。右中：イギリス製の深いグリーンのじょうろと熊手。右下：イエローのミニバラと水色のダーラナヘスト。えんじ色の窓辺を飾る素敵な色合わせ。

この近くの農家で育ったリナにとって、このあたりは子どものころの思い出がいっぱいの場所。この島に暮らしてから、ガーデニングに目覚めたというリナとヨハン。植物を手入れしたり、果物やハーブを収穫したり、ベンチで休んだり、家族みんなで庭での時間を過ごします。そして、庭でとれたりんごやプルーンを使ってパイやコンポートを作ったり、ヨハンはニガヨモギで夏至祭のときに飲むお酒を作ったり。庭の恵みをおいしく食べるのも、楽しみのひとつなのです。

右上：テラスでふるまってくれた冷たいベリーのジュース。シロップを水で薄めたドリンクは、夏のストックホルムの定番。中：テラスは庭をながめる特等席。テーブルの上には、夜ヨハンが作業するときに使うランタンと、ヨセフ・フランクがデザインしたトレイ、イケアのキャンドル。左下：8ヶ月のルーカスも一緒に、家族全員のポートレート。

庭を包む、ふたりの手のぬくもり

Åsa & Gugge Byred-Morinder　オーサ＆グッゲ・ビレッド・モリンデル

ストックホルムの南、フッディンゲは
ヴァイキング時代よりも前から歴史のある町。
この町の緑に囲まれた丘の上に建つ、
オーサとグッゲ、ふたりが暮らす家をたずねました。
水色にペイントされた家へ向かって
細い坂道をのぼると、そのすぐ横には
木の橋がかけられた、八角形のテラスがあります。
このかわいらしいテラスを、グッゲは自分で作ったのだそう！
ふたりは、ここでいつもコーヒーを飲んでいます。
そのほかにも家のまわりには、階段や噴水、小屋にオブジェ
ものを作ることが好きなふたりの作品がいろいろ。
手作りがたくさんある、ユニークであたたかな庭です。

上：1922年に建てられたこの家は、もともと新聞やキャンディを売っていたお店。グッゲが少しずつリフォームして、いまのような姿に。左手の木の橋をわたると、八角形のテラス。**下**：家の裏手にある、庭の小屋もグッゲの手作り。以前はうさぎを飼っていたけれど、いまはガーデニングの材料やオーサが彫刻を作るための素材を入れています。

左上：木に吊り下げた鉄のオーナメント。左中：シベリアからやってきたネコのハスキーは、ふかふかの毛にシベリアンハスキーと同じような模様があります。右中：切り株の上に乗せた糸まきのような形の容器は、降水量をはかるため。左下：大きな雪かきは、冬の必需品。右下：いつも仲のよいオーサとグッゲ。オーサの手には、とても香りのよいハーブ、ウッドラフ。

左上：裏庭に置いたガーデンテーブル。好きな場所で休んだり、お茶をしたりできるように、いたるところにイスやテーブルを置いています。**左下**：家の裏口にあるサンルームは、冬になると温室として使う「花の部屋」。花の香りが好きなオーサは、ここで眠ることも。**右下**：以前はアンゴラウサギを飼っていた小屋。いまはクッションを置いて、屋根付きのベンチに。

彫刻家のオーサとイラストレーターのグッゲは、1967年からこの家に暮らしています。これまで夏休みも取れないくらい忙しかったグッゲは仕事を引退して、ようやく小屋を建てたりペンキを塗ったり、ずっとやりたいと思っていたことができるようになりました。この家と庭のためになにか作ることが、グッゲの楽しみ。ゼタス・トレッドゴードという庭園で働いていたオーサは、ガーデニングの知識が豊富です。植物たちがなにを必要としているのか敏感に感じ取るオーサの庭では、植物たちもいきいきとしています。

左上&右上：庭に飾られた、オーサの作品。赤い彫刻は、もともとフレルスタ公園のために作ったもので「私の光る角」というタイトルの詩からインスピレーションを受けたのだそう。**左下**：鳥が好きなオーサがバードウォッチングするために作った「緑の小屋」。**右下**：木の枝と葉っぱだけで作られた「緑の小屋」は、子どもたちの秘密基地にもなっています。

子どもと一緒、のびのび楽しむ庭

Anna-Pi Lennstrand　アンナ・ピ・レンストランド

のどかな田園風景が広がる郊外の町、ブロンマ。
このあたりには、1910年から60年代に建てられた
広い庭付きの一軒家が、たくさん並んでいます。
雑誌のアートディレクターをしているアンナが
1年前に引っ越してきたという、家をたずねました。
自由気ままに草木が育っていく様子が好きというアンナの庭は
大きな木や茂みなどはそのまま、自然があふれています。
家の裏手にまわると、赤いブランコが吊り下げられた
大きな木を中心に、森の中の原っぱのような庭が広がります。
ここでお兄ちゃんのエミルは、サッカーをしたり
妹のエステルは、ブランコしたり、ママと一緒にガーデニングしたり
庭は、子どもたちのプレイグラウンドになっているようでした。

左上：お兄ちゃんのエミルと妹のエステル、そしてアンナ。**左中**：赤地に白い花柄のクロスは、のみの市で見つけた50年代のもの。ビニールクロスは、雑貨屋さん「カクテル」で。**右上**：庭の片隅に干していた、エステルのピンクのワンピースも、花たちと一緒にこの庭をいろどります。**左下**：木のフェンスにかけたプランターには、ゼラニウムとパンジー。

左上：パンジーのかわいらしい鉢植え。庭のあちこちに小さなプランターに育てた、季節の花が飾られています。中上：木彫りの像は、前に住んでいた男性が作っていたもの。アンナたちが暮らすようになったいまでも、この庭の住人です。右上：木の幹には、手作りの鳥の巣箱。下：家の横の木に吊り下げたハンモックで、エミルは気持ちよさそうにゆらゆら。子どもたちは、ハンモックでお昼寝したり読書したりするのがお気に入り。

左上:テーブルの上に広げたクロスは、40年代のカーテンをリメイクしたもの。右上:パープルのシャクナゲは、ストックホルムでよく見られる花のひとつ。右中:スウェーデンのあちこちに作られていた公園、フォルクパルクで使われていたイスをリサイクル。左下&右下:マリメッコのテーブルクロスの上には、アンナが大好きなアンティークのピッチャーとボトルを並べて。

ストックホルムの中心地で仕事をしていたアンナと、コンサートツアーでさまざまな都市を行き来するクラシック音楽家のご主人は、この家に越してくるまで都会での暮らしを楽しんでいました。しかし、いまでは自然を感じる庭は、心のオアシスとして、暮らしに欠かせないものになっています。土を掘ったり水をやったり、ガーデニングの時間はぜいたくなひととき！子どもたちもお揃いのスコップを手に、アンナのミニ菜園づくりのお手伝いをしてくれます。アンナにとってのしあわせは「大地を手で感じること」だと教えてくれました。

左上：玄関の前に立っているポストマン。これも前の住人の作品のひとつ。右上：落ち葉かきや雪かきをする大きな熊手は、欠かせない道具のひとつ。左下：パンジーを入れたバスケットは、アンナの両親の家があるゴットランド島で見つけたもの。テラコッタの素朴な鉢のアクセントには、ちょうのガーデンピック。右下：エミルとエステルのガーデニング用スコップ。

甘くておいしいフルーツの木の下で

Åsa Hellberg オーサ・ヘルベリ

テレビや雑誌などで活躍するスタイリストの
オーサが暮らすのは、庭付きのかわいらしい家です。
ここはストックホルムの南、エンシェーダという郊外の町。
いきいきとした緑に包まれた風景にひかれて、
この町に暮らすことに決めたというオーサ。
庭には、みずみずしく甘いりんごを実らせる、
大きなりんごの木が4本あります。
それから洋梨、プルーン、さくらんぼ……
いろいろな果物がなる、木々に囲まれています。
季節になると、庭の果実を収穫して
フレッシュな味わいを楽しんだり、お菓子にしたり。
自分の庭でとれた果物、とてもおいしそうです。

左上：あざやかな赤のガーデンファニチャーは、スウェーデン中部ののみの市で見つけたもの。
右上：木のこずえに吊り下げたバードハウス。**左下**：オーサがいつも使っているガーデングローブ。**右下**：ゼラニウムを植えたプランターは、リサイクルした古いお鍋。春になっても冷えこむ日があるので、夜になるとプランターの植物は室内に移動させます。

上：コーヒーやベビーフードの缶をプランターに。小さな鉢を並べたガーデニングコーナー。たわわに実ったミニトマトは、サラダにして食べるのが楽しみ。左中：オーサの両親が暮らす田舎ののみの市で見つけた小さなベンチは、辻馬車の座席だったもの。右下：庭に咲いていた花をつんで、オーサがさっと作ってくれたブーケ。

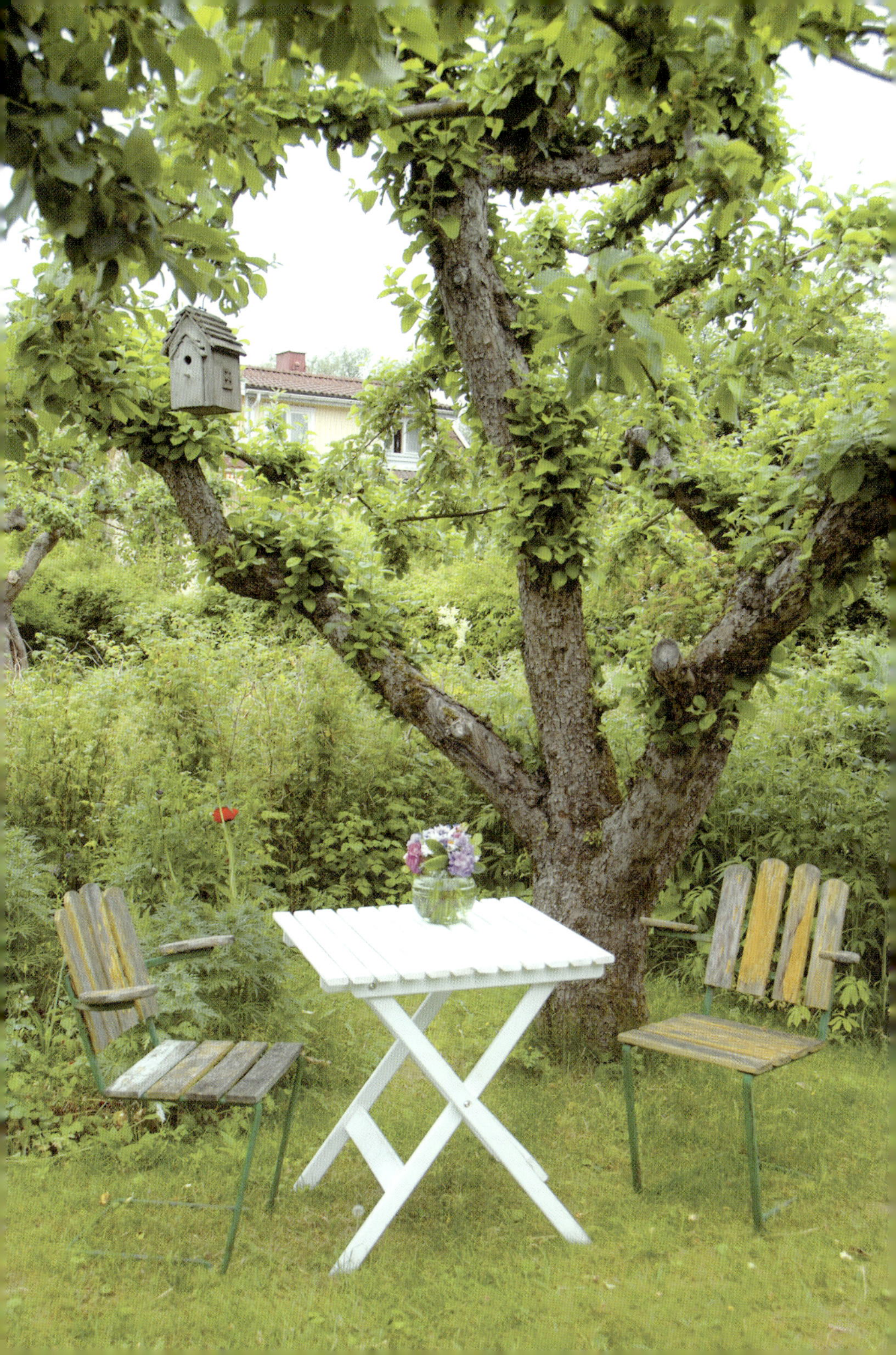

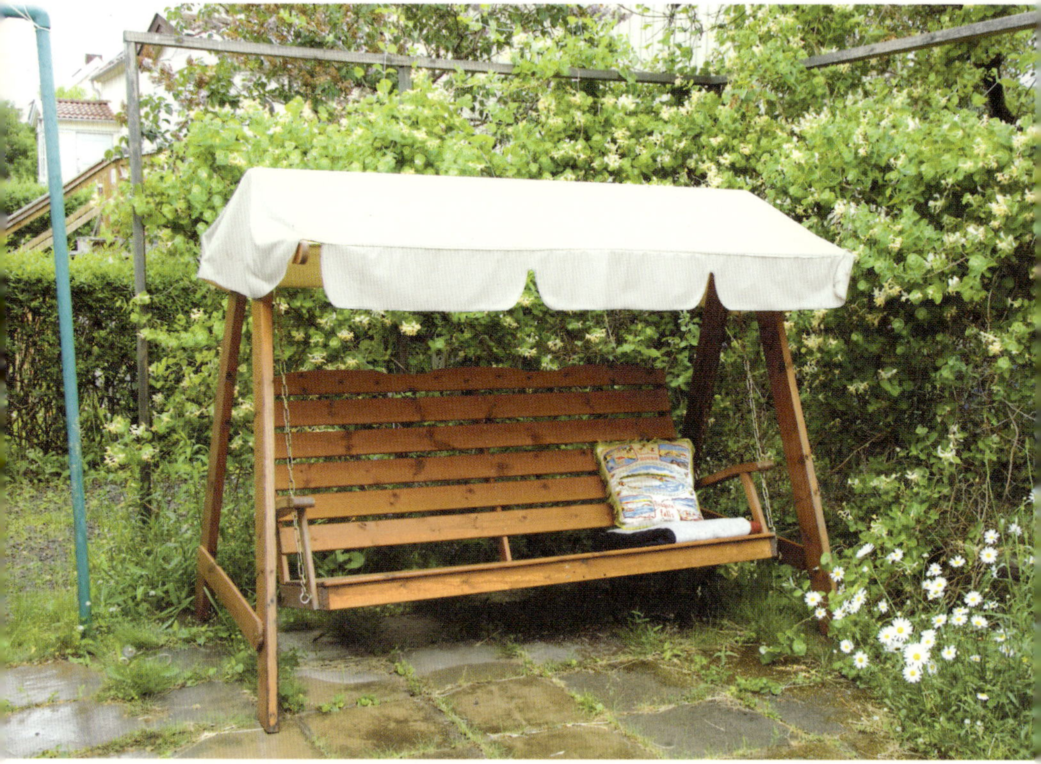

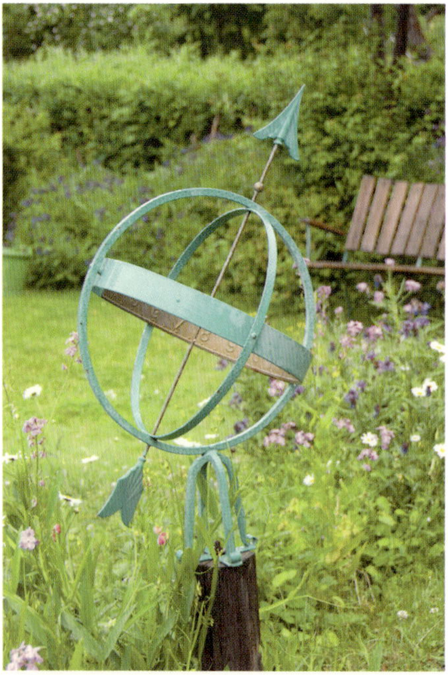

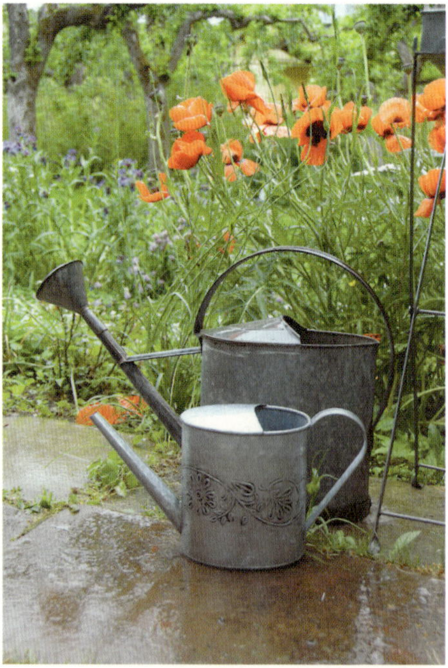

オーサがガーデニングを好きになったのは、ママの影響。でも手入れされて、きれいに整えられたママの庭とは違って、植物たちの思うままに、のびのびさせているというオーサ。最近スウェーデンの人たちのあいだでは、自然をそのまま感じるようなガーデニングが好まれているようです。スイカズラや塀をつたうバラ、ポピーは引っ越してきたときから庭で育っていた植物たち。オーサがあとから育ててみたいと思ったミニトマトやハーブティー用のラベンダーなどは、鉢植えにしています。

左上：窓辺には、きれいなグリーンの陶器を並べて。ウプサラ・エケビー窯のプランターに、ピンクの花がきれい。
左下：イッタラ社のガラスのキャンドルホルダー。右上：オーサが次に庭にまいてみようと思っている、さまざまな花がミックスされた種のパッケージ。
右下：庭でとれたルバーブを漬けこんだ夏至祭用のシロップ。

サマーハウスの庭をたずねて
Garden of Summerhouse

ストックホルムの人たちが、夏を思いきり楽しむために郊外に持つセカンドハウス、それがサマーハウスです。メラーレン湖に浮かぶクングハット島にあるサマーハウスをたずねて、ストックホルム市庁舎の近くから出発する船に乗りこみました。この湖は、冬には凍りついて、氷の上を歩いたりスケートしたりすることもできるのだそう。航路の途中には、ドロットニングホルム宮殿があるので、ツーリストたちもたくさん船に乗っています。

左上：この島の名前「クングスハット」は、王さまの帽子という意味。落馬して海に転落してしまった王さま。運よく助かり、その記念にこの島に帽子を置いたという伝説が名前の由来になのだそう。**右上**：船に乗って一緒に島にやってきたレイ。これから彼のサマーハウスへ。**下**：サマーハウスまでの道のりは、木々の緑と湖の青が美しい、気持ちのよいお散歩コース。

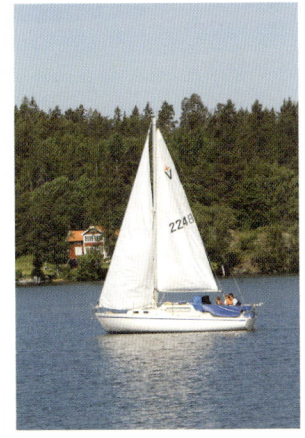

おだやかな島で出会った、野原の庭

Katharina & Ray Evans-Olsson　カタリナ&レイ・エヴァンス・オルソン

レイに案内されて、やってきたサマーハウスは
メラーレン湖が庭先から見渡せる、クリームイエローの小さな家。
夏になるとパートナーのカタリナと一緒にここへやってきては、
木々に囲まれた、野原のように素朴な庭で
ブーケを作る花をつんだり、太陽が沈むのを眺めたり、
庭で食事をとったり、のんびり過ごしています。

左上：のびのび育った植物に、芝刈り機や大きな剪定ばさみを使って、ときどき手を入れるのは、レイの仕事。右上：レイのサマーハウスに遊びにきたのは、この島にサマーハウスを持つイャネッテと子どもたち。左下：レイの庭にあるブランコは、子どもたちに大人気。右中：庭でつみとった花をいけて、ガーデンテーブルでかわいらしいおもてなし。

左上：大きなお皿で、ゲストにナプキンをサービス。上に乗せているのは、青いわすれな草のミニブーケ。**左中**：レイとカタリナのガーデニング用のシューズ。**右上**：庭で白いライラックとチャービルをつんで、バスケットに飾ってくれたお兄ちゃんのハラルド。**下**：庭の手入れが終わったら、手伝ってくれたイャネッテと子どもたちも一緒に、みんなでランチ。

ボートに乗って、海辺のサマーハウスへ

Jeanette & Martin Danielson / Anne & Gunnar Pettersson
イャネッテ＆マルティン・ダニエルソン / アンネ＆グンナル・ペッテルソン

レイのサマーハウスを出て、イャネッテのボートで出発！
島の反対側までまわると、海のそばに2軒の赤い家が見えてきました。
ここが、美術館の館長をしているイャネッテとパートナーのマルティン、
そして子どもたちのサマーハウス。それからもう1軒には、
おばあちゃんのアンネとおじいちゃんのグンナルが暮らしています。
4月になると、みんなでこの島にやってきて、サマーハウスを楽しみます。

上：イャネッテとマルティンたちの家。小さな家の中はとても静か。中央に置いた大きなベッドを囲むように、家族の写真が飾られています。左中：9歳のハラルドと5歳のヨースタは、湖にボートを浮かべて水遊び。左下：手作りが好きなアンネが、刺しゅうしたクッション。右下：大きな木の下にあるガーデンテーブルに、自然と家族のみんなが集まってきます。

左上：アンネとグンナルの家。1860年代に建てられた家を、自分たちでリフォーム。右上：ドアの窓に、目隠しに取りつけられていたレース。左下：家族の一員、ネコのオッレ。中下：庭でとれたルバーブで、アンネが作るカスタード入りのタルトは、家族みんながいちばん好きなスウィーツ。右下：島からの帰りは、イャネッテの操縦するボートで。アンネとイヌのカッレに「さようなら」。

Balcony

ストックホルムの町をお散歩していると、アパルトマンのバルコニーから、にぎやかなおしゃべりが聞こえてきます。ふと見上げると、バルコニーの手すりにはカラフルなパラソルがかかっていて、テーブルとイスが並べられ、友だち同士や家族でお茶をしているよう……。長い冬があるストックホルムだからこそ、太陽の光とさわやかな風を感じるバルコニーは大切なスペース。どんなにささやかでも、ハーブや花の鉢植えを並べて、リラックスできる部屋のひとつとして楽しんでいます。

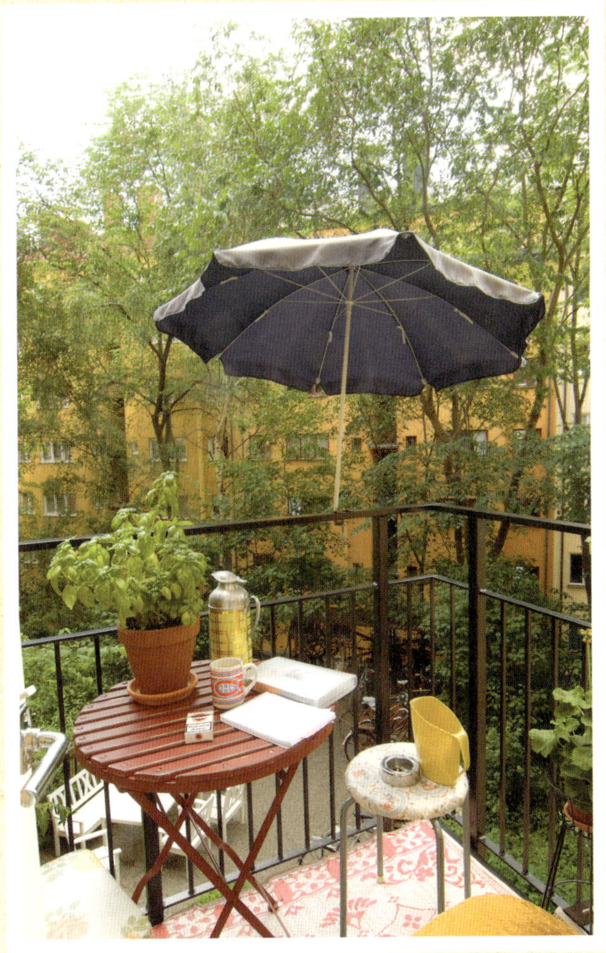

さわやかな夏の気配のティータイム

Hanna Werning & Joakim Ericson　ハンナ・ウェルニング&ヨアキム・エリクソン

セーデルマルム地区の南に建つ、モダンなアパルトマンへ
アーティスト・カップルが暮らす部屋をたずねました。
ハンナはスウェーデンのテキスタイル・ブランド、ボラス社などと
コラボレーションしている、テキスタイルデザイナー。
パートナーのヨアキムは、ミュージシャンとして活躍しています。
この静かなアパルトマンのリビングから、バルコニーへ出ると
すぐ近くに広がる、海の存在を感じることができます。
小さなバルコニーだけれど、いくつもプランターを置いて
ミニチュア・ガーデニングを楽しんでいるというハンナ。
気持ちのいい木の床なので、はだしのままバルコニーへ。
木のベンチに座り、お日さまの光を浴びながら、
おしゃべりしていると、もうすぐやってくる夏の気配を感じます。

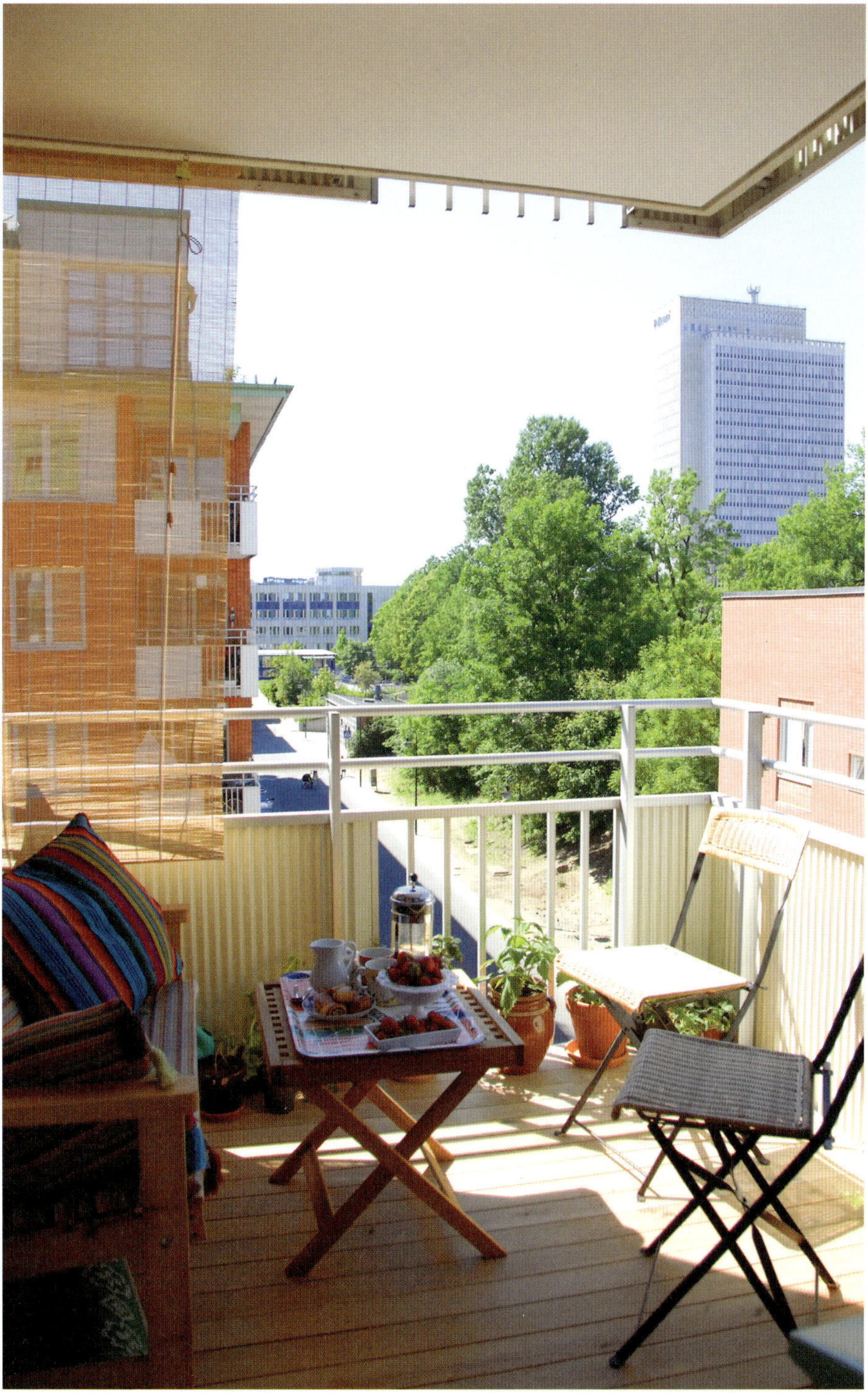

上：マンハッタンの地図がモチーフになった「スヴェンスク・テン」のトレイにお茶の準備をしてバルコニーへ。白いボウルや青いケーキ皿は、セカンドハンドショップで見つけたもの。**左下**：木のベンチには「インディスカ」で見つけた布地で作ったクッションを並べて。**右下**：ひとつひとつのプランターに違う植物を育てているハンナ。その数は30種類近くも！

左上：ハンナにとってバルコニーは、家の中でいちばんお気に入りのスペース。**右上**：ライラックを一枝。リビングにも季節の植物をあしらって。**右中**：ずいぶん大きくなってきたトマトの苗。これからバルコニーのプランターに植え替えます。**左下**：透明のプラスチックのパーツがつらなって、涼しげなカーテン。**右下**：バルコニーに面した日当りのよい窓辺では、ポトスなどの観葉植物を並べて。

ヴィンテージ・モードのバルコニー

Saga Ekman　サガ・エクマン

ファッションデザイナーとして活躍するサガは
クリエーターたちが多く集まる地域、
セーデルマルムの西、ホルンストゥルに暮らしています。
ルームメイトは、ボーイフレンドのビョルンと
くるくると丸い瞳がかわいい、チワワのミーラン。
のみの市めぐりが好きという、サガがあちこちで集めた
パラソルにスツール、ひじ掛けイスなどが並んだ
バルコニーは、まるで戸外のリビングルームのよう。
レコードプレーヤーも持ち出して、
お気に入りの60年代のフレンチ・ポップをかけて……。
ゼラニウムやバジル、トマトなど、サガが育てている
鉢植えたちと一緒に、太陽と音楽を楽しみました。

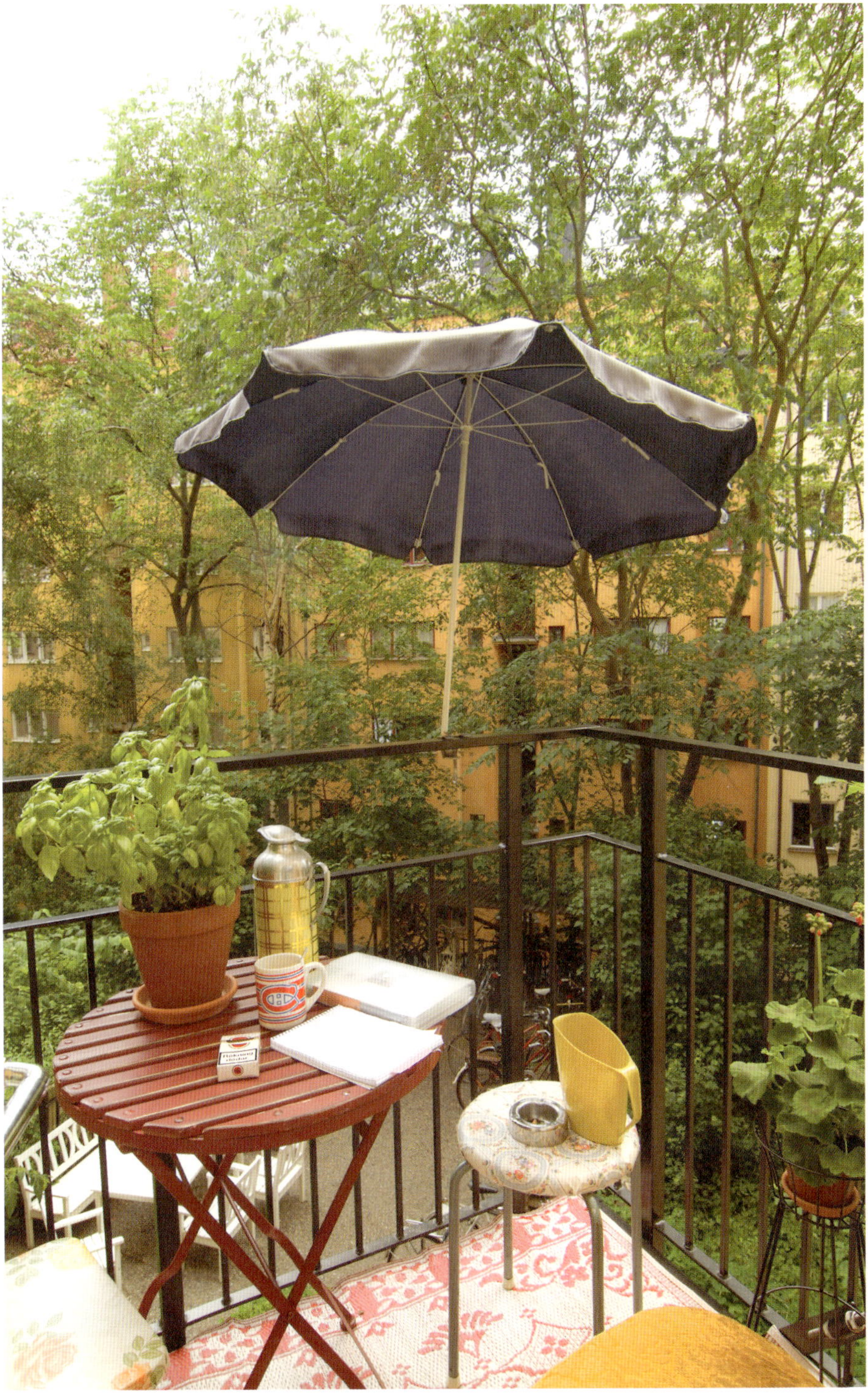

ストックホルムの街並を箱庭に
Lilian Bäckman リリアン・ベックマン

オリジナルのポストカードをデザインしたり
イラストレーターとして活躍する、リリアンは
クングスホルメン島のアパルトマンに暮らしています。
部屋には、小さなバルコニーがありますが、屋上にあがると
さらに広いテラスがあり、そこから眺める景色がリリアンの自慢！
目の前には、市庁舎の塔。そしてメーラレン湖をはさんで
ガムラスタンまで、ストックホルムのパノラマが広がります。
このテラスは、アパルトマンの住人たちみんなのスペース。
リリアンをはじめ、それぞれガーデンテーブルやベンチを出して、
おしゃべりしたりお茶をしたり、思い思いに楽しんでいます。
木々の緑や湖、そして美しい建物……ストックホルムの街全体が
まるでリリアンたちの箱庭のように感じられるテラスです。

左上：屋上テラスでは、コーナーを仕切る大きな木製のボックスがプランター。**左中**：リリアンの部屋からバルコニーへ出るドアは、いつも開けたまま。2匹のネコが外に出ないよう、ワイヤーネットをかけています。**左下**：ネコが大好きなリリアン。ガーデンオブジェも、ネコのモチーフ。
右下：はじめてバルコニー付きの部屋に住んだというリリアン。植物を育てる楽しさを知ったそう。

土から顔を出した、ちいさな緑のめばえ

Andrea Sjöström　アンドレア・ショーストローム

市庁舎やデパートなどがある、ストックホルムの中心地、
ノッルマルムに暮らしている、イラストレーターのアンドレア。
アパルトマンのバルコニーには、パートナーのマルティンが
作ってくれたベンチとテーブルが並んでいて
家族でゆっくり過ごすためのインテリアが揃っています。
お兄ちゃんのフランス、そして弟のブルーノも
このバルコニーに、ぬいぐるみや絵本を持ってきて遊びます。
アンドレアは、野に咲く素朴な草花たちが好き。
郊外や郡島へ出かけると、気に入った草花をつみます。
そして、自宅に持ち帰って、バルコニーで育てるのです。
それぞれ緑色にも個性が感じられる野草をながめて
緑に包まれた田舎での暮らしに想像をふくらませながら……。

左中：ブルーのタイルモザイクのスツールは、マルティンのおばあちゃんから譲り受けたもの。
右上：ベンチとテーブルは、建築家であるマルティンの手作り。モロッコのレザークッションは、ブルーがフランス、ブラウンがブルーノのもの。左下：パッションフルーツ、ローズマリー、オレガノ……15種類の植物を育てているアンドレア。

シンプルでモダンなデザイン・バルコニー

Cilla Lindberg　シッラ・リンドベリ

デザイナーのシッラをたずねて、セーデルマルムの中心地に近い、
静かな通りに面した、アパルトマンへやってきました。
ここは、フィンランド出身でモダン建築の巨匠とも呼ばれる
アルヴァ・アアルトがデザインした建物なのだそう。
シンプルで機能的、住みごこちのよさそうなアパルトマン。
あたたかなクリームイエローの建物で、それぞれの部屋には
白いボックス型のミニ・バルコニーがついています。
スウェーデンのさまざまなブランドとコラボレーションして
テキスタイルやインテリア雑貨をデザインしているシッラ。
白と木の風合い、そして小さなプランターが置かれた
シンプルなバルコニーに、シッラの作品も並びます。
ファニーな魚や動物たちが、ハッピーな色どりを添えていました。

左上：タイムにラベンダー、ローズマリーとレモンタイム、よく使うハーブを寄せ植え。ラベンダーは特にお気に入り。**左下**：シロクマが描かれたトレイは、シッラのハンドペイント。**右下**：シッラと9歳になる息子のアレクサンデル。**左ページ下**：魚プリントのクッションは、スウェーデンのテキスタイルブランド、アルメダールのためにシッラがデザインしたもの。

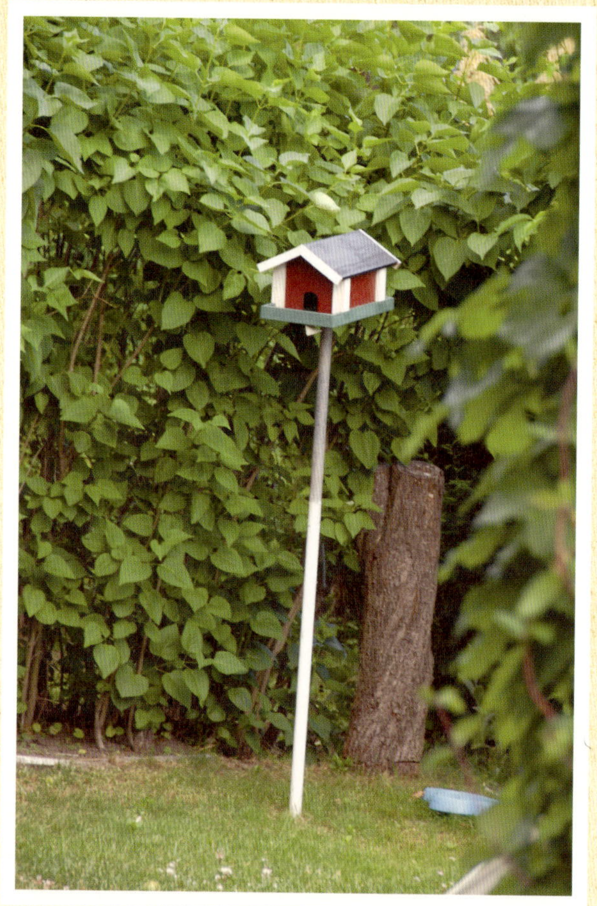

Koloni

コロニーとは、市民農園のこと。アパルトマンに暮らしていて、自分の庭を持たないストックホルムの人たちが、ガーデニングを楽しむための場所です。その歴史は古く、1904年に最初のコロニーが作られました。当初は貧しい工場労働者たちが自分で野菜を育てて、生活を豊かにするための土地でしたが、いまではこの町のオアシスになっています。広々とした敷地に建つかわいらしい小屋と、愛情をこめて育てられた植物たち。ガーデニングを楽しむ人たちだけでなく、周りを散策する人たちにとっても、コロニーはかけがえのない「ストックホルムの庭」なのです。

ナナカマドの木の上のテラス

Olev Nöu　オレフ・ヌー

セーデルマルムの海沿いには、いくつかのコロニーが集まっています。
そのうちのひとつ、セードラ・オールスタヴィケン・コロニロッテルは
大きな丘の上から下まで、いくつものコロニーが広がっています。
階段をのぼって、その丘のてっぺんまでたどりつくと、
グリーンとイエローにペイントされた小屋が見えてきました。
大きなナナカマドの木の上から、オレフが手をふってくれています。
そこは、緑の葉影にかくれた秘密基地のような、木の上のテラス。
オレフが子どものころ読んでいた絵本に登場して、
そのころから、ずっと欲しいと思っていた夢の家です。
建築家のオレフは、ひとりでこのテラスを作ったのだそう！
このコロニーには、まだまだたくさん
オレフのチャーミングないたずらが隠されているよう……。

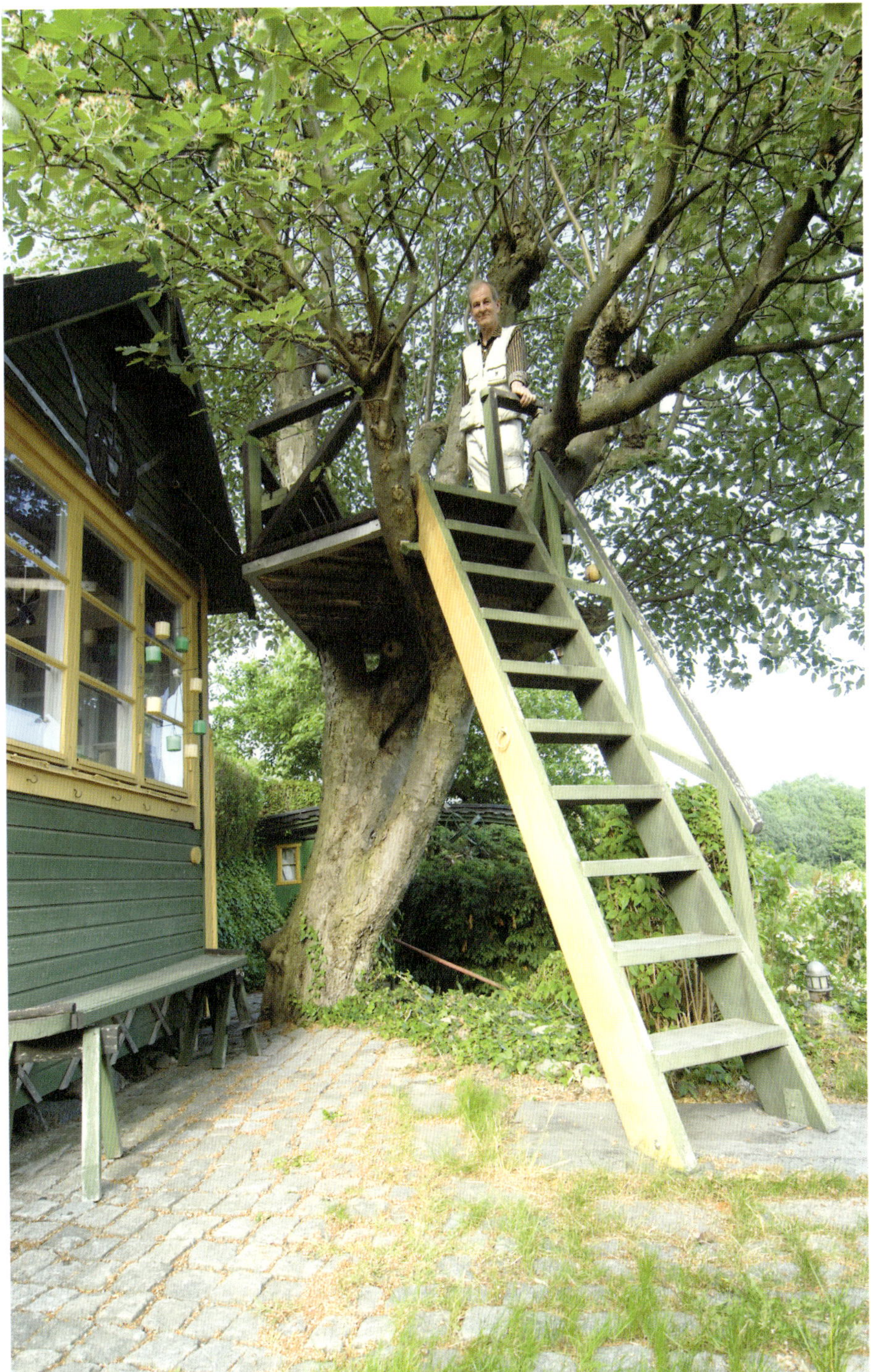

上：この小屋は1919年に建てられたもので、オレフが自分でリフォーム。まわりの庭を、12ブロックに分けていて、野菜やハーブ、花などさまざまな種類の植物を育てています。**左中**：お母さんから譲り受けたステンドグラス。つばめは、オレフの生まれた国、エストニアのシンボル。**左下**：階段の段差に身をかくすハリネズミのオブジェ。オレフがいちばん好きな動物なので、庭のいたるところに。

左上：太陽のオブジェは、レストランのリニューアルの仕事で譲ってもらったもの。左中：庭に動くものがあるのが好きというオレフ。風になびく国旗もそのひとつ。中中：この庭にぴったりと、デンマークで見つけた人形。右中：通りで拾った脚に、ルイスポールセンのランプを取り付けて。左下：地上から木の上のテラスを見上げると、ポーランドのアーティストが作った顔のオブジェを発見！

左上＆左中：小屋の中は、マリメッコのテキスタイルでデコレーション。これはケシの花がモチーフになったウニッコ柄。右上：三方に窓があるダイニングは、ブルーとイエローのスウェーデンカラーでまとめられた空間。窓の上には、家族の思い出の写真をディスプレイ。右下：コンパクトなスペースを工夫して作られたキッチン。

キッチンやベッドルームがあるオレフのコロニー小屋は、庭の手入れをしながらここで暮らすこともできるサマーハウスのような建物。もう1軒のすこし小さな小屋の中は、サウナになっています。どちらの小屋もオレフが自分でリフォームしたもの。自分のことを「古い家のお医者さん」と呼んでいるオレフ。歴史ある古い家のよさを残しながらリフォームする建築家として、オレフはスウェーデンで表彰されたこともあります。その知識やテクニックを使い、まわりとのハーモニーを考えながら作られた、とても素敵なコロニー小屋です。

コロニーをお散歩しよう

オレフと一緒にコロニーを出て、お散歩することにしました。丘の上から景色を眺めると、まわりの緑に包まれるように、小屋の屋根が点々と見えて、まるでおもちゃの町のよう。ここでは、だいたい60家族が、土地と小屋を利用しています。季節の花々、ハーブや野菜、果物の木、みんな好きな植物を育てながら、思う存分ガーデニングを楽しんでいます。

左上：イヌを連れたり子どもと歩いたり、コロニー散策を楽しむたくさんの人たちとすれちがいます。左中：屋根付きのテラスがある広い小屋は、暮らすことができそうなほど。右中：海辺に近い公園に咲いていた、ライラックの花の香りを楽しみながら。左下：きれいに区切られて、持ち主の愛情を感じる菜園。右下：黄色い小屋の前は、丘の斜面を利用しただんだん畑。

ベジタリアンのキッチンガーデン

Bettan Von Horn　ベッタン・フォン・ホーン

ストックホルムの北部、ブルンスヴィーケン湖のそばにある
セーデルブルンスヴィーケン・コロニロッテル。
色とりどりの花が咲く、ロマンティックな庭に
ひまわりにサラダ菜、植物たちが一列にきれいに並ぶ庭。
コロニーに広がる、たくさんの庭には、
持ち主のキャラクターが、それぞれ表れているようです。
グルメなベジタリアンのベッタンの庭は
マーガレットにヒヤシンス、ルピナスなどの花々と一緒に
さまざまな野菜やハーブが植えられた、キッチンガーデン。
「パセリはオリーブオイルであげるとおいしいのよ」
「ワレモコウは赤ワインに入れて……」と
育てている植物の使い方もひとつひとつ教えてくれました。

(あて先)
〒150-0001
東京都渋谷区神宮前3-5-6
ジュウ・ドウ・ポウム行

フリガナ

お名前

ご住所
〒

お電話番号

Carte Postale

メールアドレス

ご職業

年齢　　　歳　　性別　☐ woman　☐ man

アンケートにご協力いただいた方の中から抽選で毎月3名様に、ジュウ・ドウ・ポウムのオリジナルポストカードセット(5枚組/セットの内容はお楽しみに)をプレゼント! 当選者の発表は発送をもってかえさせていただきます。

大変恐縮ですが
50円切手を
お貼りください

Stockholm's Garden　ジュウ・ドゥ・ポゥム

この度は『北欧ストックホルムのガーデニング』をお買い上げいただき、誠にありがとうございます。今後の編集の参考にさせていただきますので、右記の質問にお答えくださいますようお願いいたします。
なお、ご記入いただいた項目のうち、個人情報に該当するものは新刊のご案内・商品当選の際の発送以外の目的には使用いたしません。

メールアドレスをご記入いただいた方には、ジュウ・ドゥ・ポゥムより新刊書籍のご案内など情報をお送りしたいと思っております。必要でない方は、こちらの欄にチェックをお願いします。

☐ 情報は不要です

1. 本書を何でお知りになりましたか?
   ☐ 雑誌（　　　　　）　☐ ホームページ（　　　　　）　☐ 店頭
   ☐ その他（　　　　　）

2. 本書をお買い上げいただいた店名をお教えください。
   市町村名　　　　　　　　　店名

3. 本書をお買い上げいただいたきっかけを下記の項目からひとつだけお選びください。
   ☐ ガーデニングに興味　☐ 北欧に興味　☐ 海外の暮らしに興味　☐ 写真にひかれて
   ☐ 装丁・デザインにひかれて　☐ その他（　　　　　）

4. 本書に関するご意見・ご感想をお聞かせください。

5. 現在、あなたが興味のある物事や人物などについて教えてください。

● ジュウ・ドゥ・ポゥムの活動については　http://www.paumes.com
　　　　　　　　　　　　　　　　　　　　　http://www.2dimanche.com　をご覧ください。

左上：植物となじむ緑のコロニー小屋。ベッタンがコロニーを借りたときからあったもので、中にはガーデニング用の道具などを置いています。右上：ほうれん草の若葉の様子をみつめるベッタン。中中：花火のように紫の小さな花が広がる、この植物はたまねぎの一種。左下：水がたっぷり入る大きなじょうろ。あざやかな黄色がきれい。

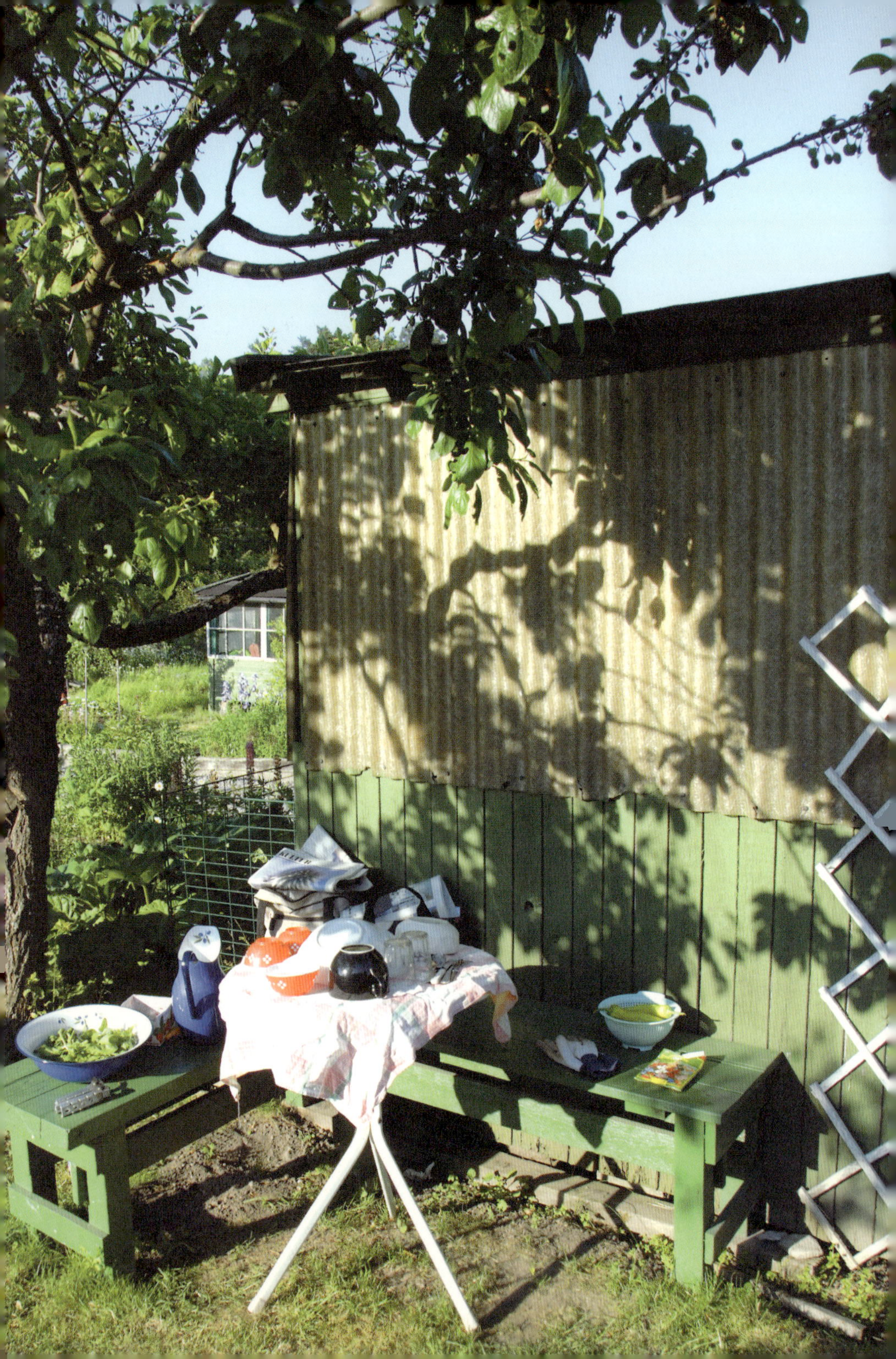

左上：コロニーに遊びにきたのは、友だちのウッラとその娘のファティマ。持ってきてくれたラム肉のソテーやチーズに、ベッタンの庭で採れた新鮮なハーブを添えてランチタイム。**左中**：採れたてのやわらかそうな、ほうれん草をサラダに。**左下**：テーブルクロスは友だちからのプレゼント。食事のあとは洗って、木の枝で乾かします。

ベッタンのお気に入りの庭

このコロニーの中にベッタンのお気に入りの庭があるということで、一緒にお散歩に行きました。さまざまな花が集まる庭に、木々の向こうから太陽の光がちょうど差してきて、まるで絵画のよう。とてもポエティックな風景と出会うことができました。もうひとつは、素朴でかわいいキッチンの付いたコロニー小屋。持ち主の女性は、お父さんからこのコロニーを贈られたのだそう。とても素敵なプレゼント！

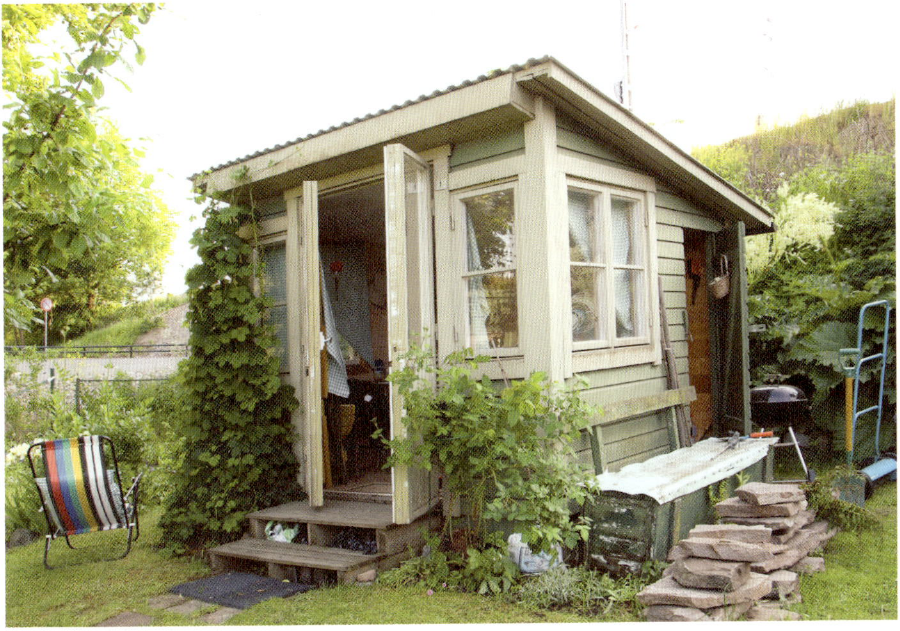

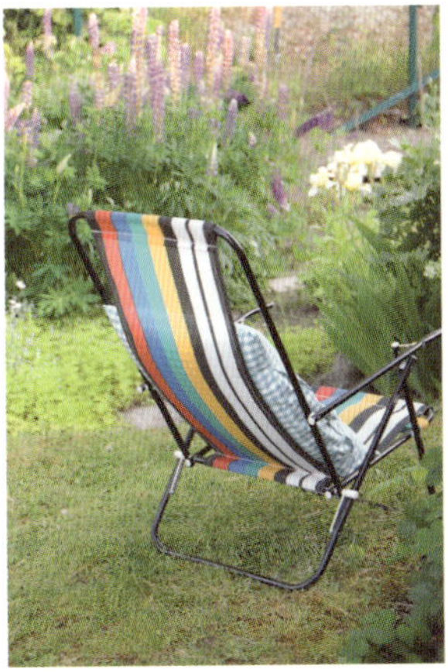

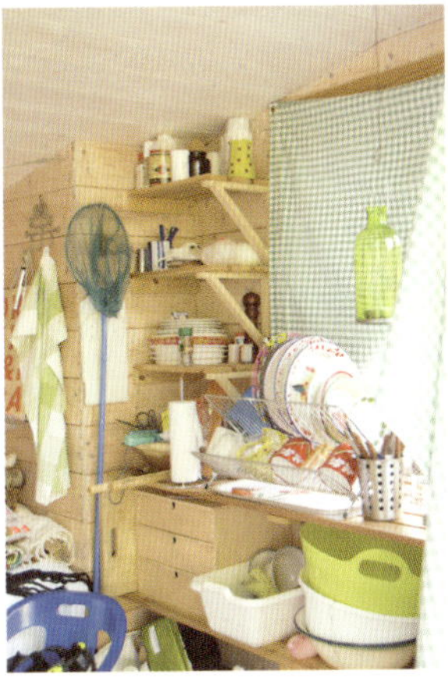

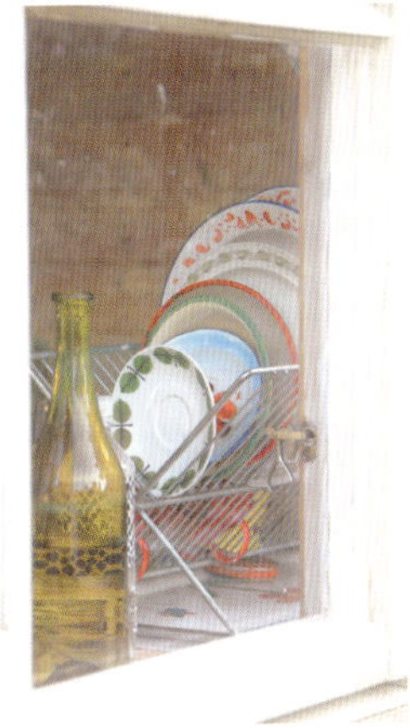

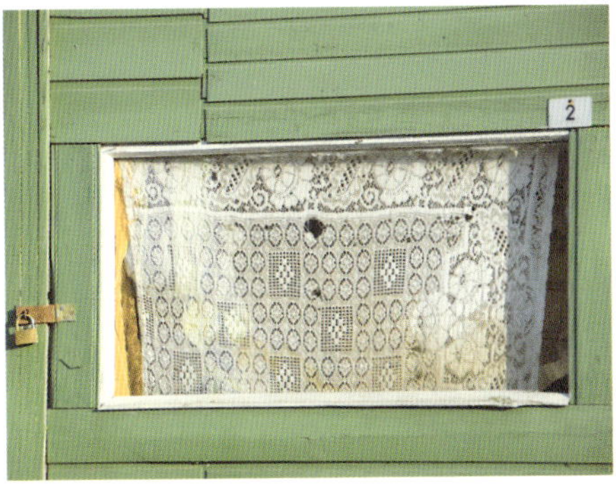
2

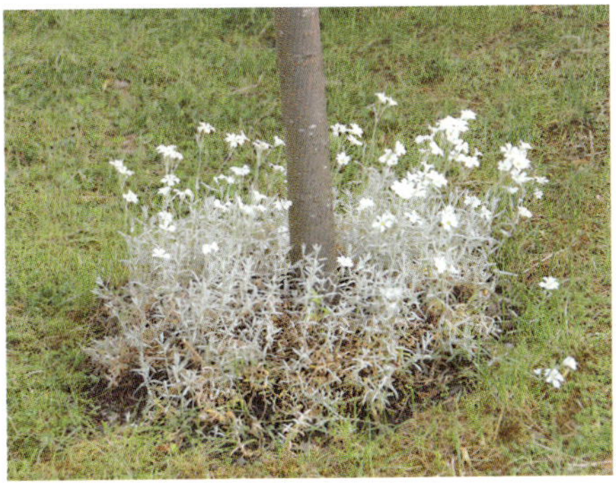

セーデルマルムのコロニーめぐり

Walking in Koloni

セーデルマルムの南西、アルスタ湾沿いは、ストックホルムでも、たくさんのコロニーが集まる場所。いちごマークの標識に書かれたコロニーの名前を道しるべに歩いていくと、コロニーめぐりを楽しむことができます。花や緑が好きな人には、ぴったりのお散歩コース！次から次へとかわいらしい小屋と庭に出会うので、時間が経つのも足の疲れも忘れて歩いてしまいます。南端のエリクスダルから、西のロングホルメン島までご案内します。

Långholmen
Reimersholme
Liljeholmsviken
Hornstull
Koloniområde Tanto Mindre
Koloniområde Södra Tantolunden
Ärsta holmer
Koloniområde Årstalunden
Årstaviken
Koloniområde Eriksdalslunden

Koloniområde
Eriksdalslunden

Koloniområde Årstalunden

Koloniområde
Södra Tantolunden

Koloniområde Södra Tantolunden

Koloniområde Tanto Mindre

Hornstull

Långholmen

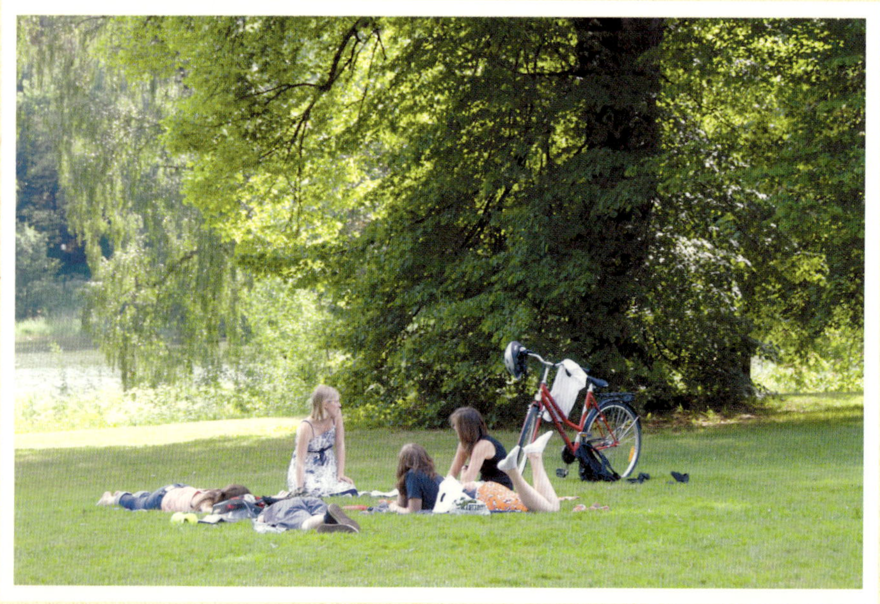

Public
Garden & Park

ストックホルムに暮らす人たちの庭を見ていたら、緑ともっと仲良くなりたい気持ちになりました。ストックホルムには、公園がたくさん。国立のものから、ガーデナーたちが作り上げた民間のものまで、タイプはさまざまですが、どこも旅の途中に気軽に訪れることができるスポットです。広い芝生の広場でピクニックしたり、お散歩したり。植物園やガーデンショップで植物のことに詳しくなったり、カフェやショップでオーガニックな商品を手に入れたり、緑を楽しむ方法もいろいろ。ストックホルムの人たちに混じって、のんびりした時間を過ごしたくなりました。

Skansen
スカンセン

Djurgården, STOCKHOLM
08 442 80 00
www.skansen.se

ストックホルムの東にあるユールゴーデン島は、
緑豊かな自然公園で、中には美術館や博物館もいくつかあります。
そのうちのひとつスカンセンは、1861年に生まれた
とてもユニークな屋外型ミュージアム。
スウェーデン各地方で、本当に使われていた家やお店など
18世紀から20世紀までの150以上の建物が移築されています。
かわいらしい民族衣装を着た人たちがいて
インテリアや使っている道具も、当時のまま。
スウェーデンの昔ながらの暮らしを感じることができます。
建物をめぐるうちに、時代や土地をタイムスリップするかのよう。
広々とした園内は緑にあふれ、ツーリストはもちろん
ストックホルムの人々にも愛される、テーマパークです。

左上：自然もたっぷり感じられる広い園内。パパとママがピクニックの準備をしているあいだに、女の子は花をつむのに夢中。**右上**：古い農園コーナーの近くで、背丈ほどもある野原の中、小さなブーケを作っていた姉妹。**左中**：大きな赤い馬の乗り物は、スウェーデン中部ダーラナ地方の伝統工芸、木彫りのダーラヘスト。**右中**：スカンセンのガイドブック。**下**：園内のいたるところに広がる芝生の上では、ピクニックを楽しむ姿も。

Skansen

さまざまなアトラクションを楽しみながら、豊かな自然を感じることができるスカンセンは、ストックホルムの人たちにとって、居心地のいい公園のひとつ。園内にはスカンジナビアの動物がいる動物園や、水族館もあります。伝統的なイベントが行われる夏の夏至祭と冬のクリスマスのシーズンは、特にたくさんの人たちでにぎわいます。

左上：木で土台を組み、土でおおったテントは、スウェーデン北部サーメ族の住まい。**右中上**：19世紀中ごろの学校。当時の授業の様子をのぞくことができます。**右中下**：いたるところで、人々が本当に暮らしているような町の風景と出会います。**左下**：18世紀ごろの南部の農家。庭に置いた黒いコーンはみつばちの巣。**右下**：1940年ごろストックホルムで使われていたコロニーの小屋。

Skansen

Glassworks
ガラスのアトリエ

タウン・クォーターの入り口近くにあるガラスのアトリエは、1936年にできました。昔からほぼ変わらない、ガラス製品を作る作業の様子を見ることができます。

Bakery
パン屋さん

1870年代のストックホルムのパン屋さんの建物では、伝統的なパンが作られています。昔ながらの薪のオーブンで焼かれたパンは、とてもおいしい！

Grocery Store
食料品屋さん

白いユニフォームを着た女性たちは食料品屋さんのスタッフ。カウンターには牛乳とたまご、ショーケースにはパンなどが並んでいます。

Cafe Petissan
カフェ・ペティッサン

もともと学生が集まっていたという古いカフェ。クラシカルなレジや壁紙が素敵。中庭に面しているので、夏には気持ちのいい景色が楽しめます。

The Ironmonger's Store
金物屋さん

19世紀のスウェーデンの都市部の典型的な金物屋さん。店内には農業や建設業をはじめ、一般の家庭で使われる道具が取り揃えられています。

The Old Shop
雑貨屋さん

お店の名前「クリュッド・ブーデン」とはスウェーデン語でスパイス屋さんという意味。砂糖や小麦粉、ブラシなど、なんでも手に入る1850年代の雑貨屋さん。

Skansen

The Ironmonger's Apartment
金物屋さんの部屋

金物屋さんと同じ建物の中には、お店で働く若いカップルが暮らす住まいがあります。1930年ごろのノスタルジックなインテリアがかわいらしい空間です。

Farmer's Life
農家の暮らし

ダーラナ地方の北部の農家では、羊やヤギを放牧しながら暮らしていました。小屋は厚い木の板でおおわれていて、まん中にある料理用のかまどが、暖炉代わりに。

Summerhouse in Skogaholm Manor
サマーハウス

スウェーデン中部にあった、荘園の領主が暮らす館の菜園に建てられたサマーハウス。ストックホルムにある宮殿をモデルにしていて、エレガントなデザイン。

Midsummer
夏至祭

毎年、夏至にいちばん近い週末に行われる夏至祭は、スウェーデンの人たちにとって、大切なフェスティバル。白樺の葉と季節の花で飾られたメイポールのまわりを、民族衣装を身につけた人々がダンスします。もちろんお客さんも一緒になって、踊ったり歌ったりして楽しみます。

Bergianska Trädgården
ベルジャンスカ・トレッドゴード
Frescati, 104 05 STOCKHOLM
www.bergianska.se

ストックホルムの北にある、ベルジャンスカ・トレッドゴードは
100年以上の歴史を持つ植物園です。
ゆったりした敷地内には、ハーブコーナーや果樹園に日本庭園、
それから、熱帯の植物や睡蓮を育てている
とても美しいフォルムをした、ふたつの温室があります。
ここでは、9000種以上の植物が育てられているのだそう！
もともと王立科学アカデミーの研究機構でもある、この植物園。
学術的な種類ごとに、植物は美しく整えられています。
園内では、子どもたちや大人向けに
アトリエやツアーガイドも行われています。
きれいな庭を散策しながら、植物を眺めて、触れて、
植物のことを知るためにぴったりの場所です。

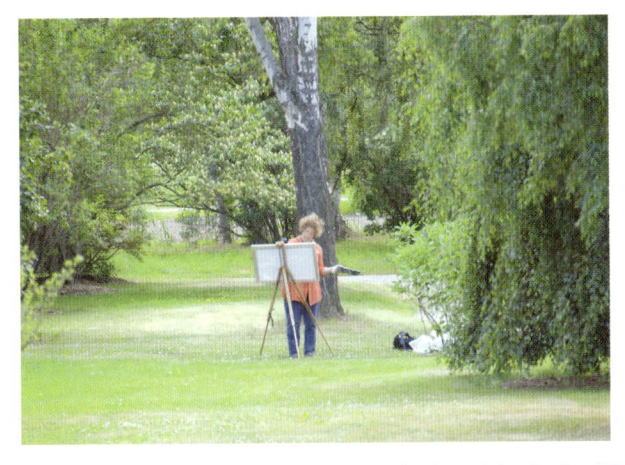

左上：植物をモデルに、キャンバスへ向かう人。園内の楽しみ方もいろいろ。**右上**：ベルジャンスカ・トレッドゴード全体のマップ。**左中**：それぞれ植物には、学名などが書かれたプレートが付いています。**右中**：湖に面している植物園。さんばしで、ひなたぼっこ。**左下**：緑の風景にとけこむガーデンテーブルで、ゆっくり休憩することもできます。

Bergianska Trädgården

Victoriahuset
ヴィクトリア温室

美しいドーム型のヴィクトリア温室は、1900年に建てられた、とても古い温室。中へ入ると池が広がり、葉の上に乗ることができそうなほど大きなヴィクトリア科の睡蓮が浮いています。その他にも世界中の睡蓮の花と一緒に、熱帯地方の植物を観察できます。

Edvard Andersons Växthus
エドワード・アンダーソン温室

卸売商だったエドワード・アンダーソンの遺言で、1936年に建てられたモダンな温室。岩や山が築かれた自然に近い環境の中で、熱帯と地中海性気候で育つ植物を見ることができます。

Rosendals Trädgård

ローゼンダール・トレッドゴード

Rosendalsterrassen 12, 115 21 STOCKHOLM
08 545 812 70
www.rosendalstradgard.se

オーガニックガーデンとして、ストックホルムの人たちに
とても人気のある、ローゼンダール・トレッドゴード。
緑豊かなユールゴーデン島に、1984年に生まれました。
ローゼンダールとは、スウェーデン語で「バラの谷」という意味。
バラ園のほかにも、ハーブガーデンに、ぶどう園や果樹園……
ガーデナーたちの手で、さまざまな植物が育てられています。
採れたて野菜は、ガーデン内にあるカフェでおいしい料理に変身。
お日さまの下で、ピクニック気分で楽しむことができます。
ショップでは、有機栽培の野菜に、焼きたてパン
オーガニックフードや雑貨などを、おみやげにすることも。
大切に育まれた庭の恵みを、食べたり、持ち帰ったり。
からだとこころに自然をたっぷり取りこみたくなるガーデンです。

左上：木にかけられたネームプレート。中上：ぶどう園には、200種類の木が並びます。シンプルに太陽と土と空気をバランスよく与えられたぶどうから作られるワインはすばらしい味わい！
右上：大きな木の下には丸いベンチ。中：ずらりと並ぶ温室の中は、カフェやショップになっています。右下：カフェはセルフサービス。食べ終わったあとの食器は自分たちで分別してカートへ。

Rosendals Trädgård

Glasshouse
温室

「テッパン」と呼ばれる小さな温室は、ゴットランド島で作られたもの。植物が美しく並べられ、訪れた人たちにインスピレーションを与える空間です。

Garden Party
ガーデンパーティ

りんごの木の下に、長いテーブルを出して、パーティをしていました。気持ちのいい木陰で、おいしい料理を囲んで、仲間たちとおしゃべり。本当に楽しそう！

Rosendals Trädgård

Open Farm
オープンファーム

広々とした畑で、ふたりの男性が仕事をしていました。ローゼンダールでは、土を育むことからはじめるというバイオダイナミック農法がとられています。

Garden Shop
ガーデニングショップ

温室のひとつは、ガーデニンググッズを扱うショップ。自然の中にとけこむようなシンプルなデザインのグッズが集まります。夏になると、園内で育てられた植物の苗も販売されます。

plantboden

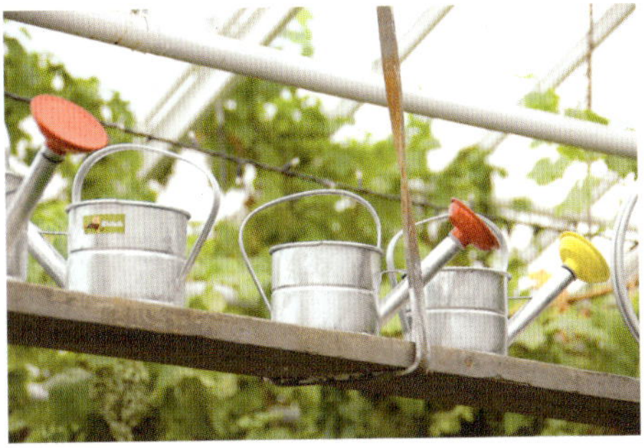

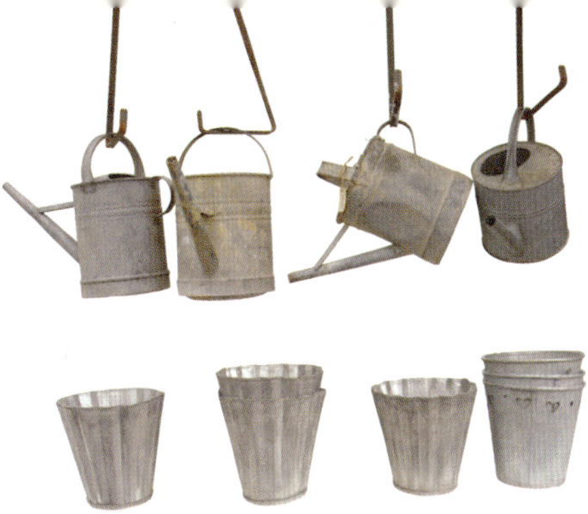

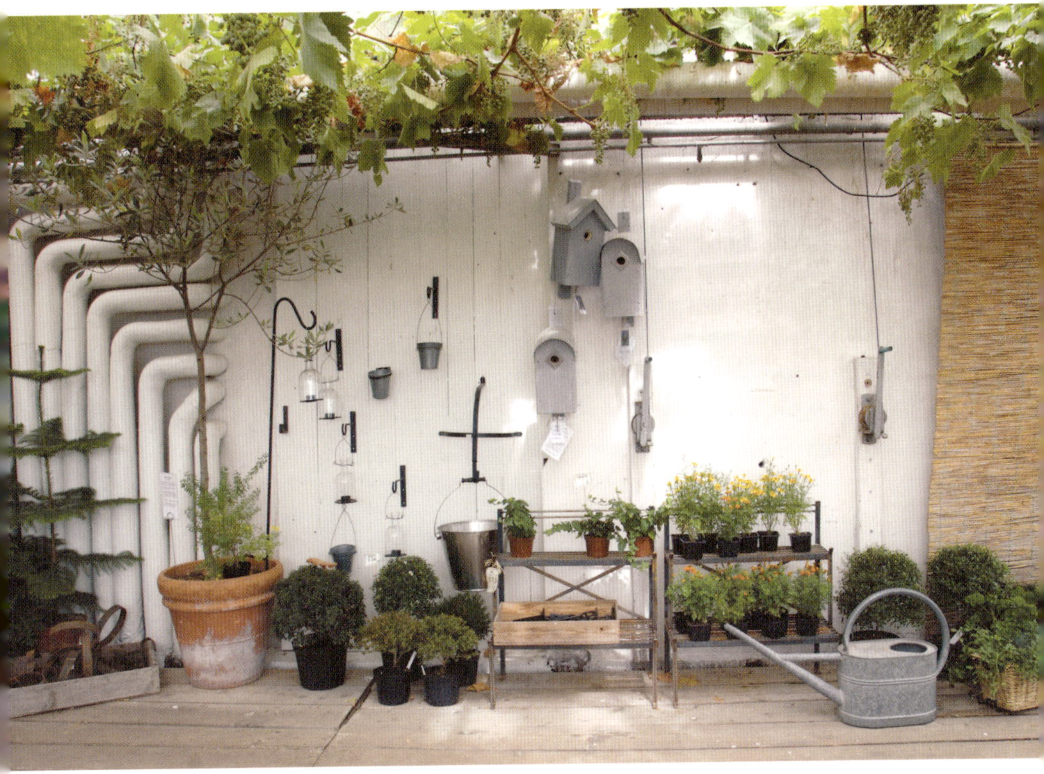

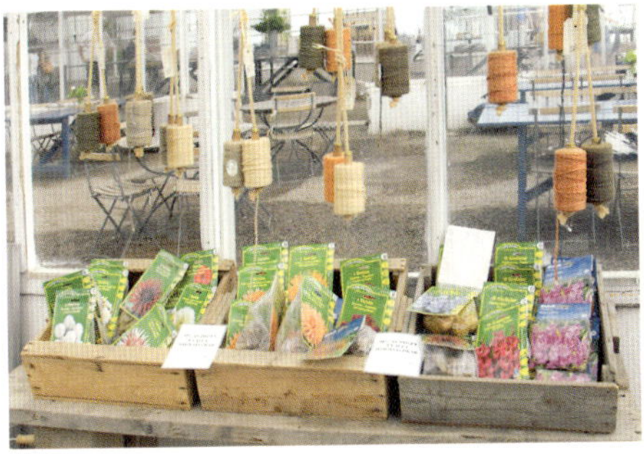

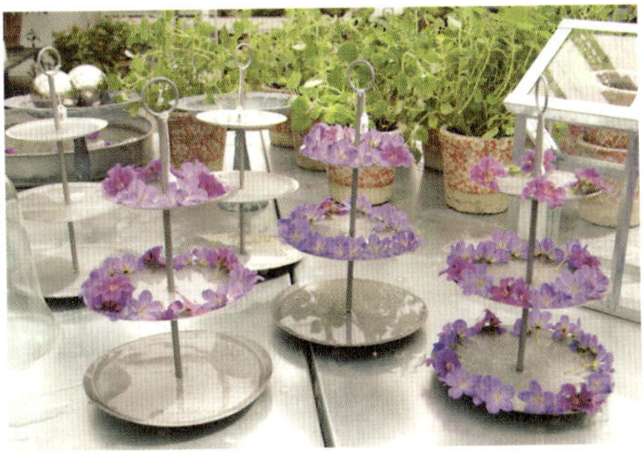

Rosendals Trädgård

Exhibition
エキシビジョン

入り口に近い温室で行われていた、テキスタイルの展示会。このスペースは、期間限定でアーティストたちに解放されています。緑の中で見るデザインは、新鮮に目に映ります。

Shop
ショップ

ローゼンダールで採れた野菜や果物、ここで作られたジャムやドライトマトなどが売られているショップ。焼きたてパンが買えるベーカリーも。ガーデニンググッズもあるので、おみやげ探しにぴったり！

Cafe
カフェ

この庭で育てた新鮮な材料が使われたサンドウィッチやサラダ、ケーキなどを楽しめるカフェ。このカフェのメニューは、レシピブックになったほど人気。戸外で食事するのもおすすめ。

Bar
バー

入り口近くにある、小さなカフェコーナー。ドリンクやシナモンロールなどをオーダーして、外に置かれたテーブルへ。アイスクリームのスタンドは子どもたちに人気です。

Slottsträdgården Ulriksdal
スロッツトレッドゴーデン・ウルリクスダール

Slottsträdgårdsvägen 8, 170 70 SOLNA
08 514 822 30

ストックホルム北部の郊外に、1630年に建てられた
スウェーデンのロイヤルファミリーゆかりのウルリクスダール城。
広い敷地内の一部は、いま庭園として、
ストックホルムの人たちに親しまれています。
園内には、農園や温室に、ガーデニングショップ
そして、オーガニックのカフェもあります。
ここのガーデナーたちは、植物に関するセミナーを開いたり
自宅の庭作りのオーダーに応えたり、
植物のプロフェッショナルとして、アドバイスしてくれます。
ガーデニングに夢中のストックホルムの人たちにとって
たくさんの植物とグッズがそろう、このガーデンは
庭作りのインスピレーションを与えてくれる空間です。

上：畑で作業をするガーデナーたちは、お揃いのグリーンのユニフォーム。作業を見ていると、植物に愛情を注いでいる様子が感じられます。中左：ウルリクスダール城は、まっすぐなラインでデザインされたバロックスタイル。かつてオレンジ園だった場所は、スウェーデンの彫刻家の作品を集めた美術館になっています。

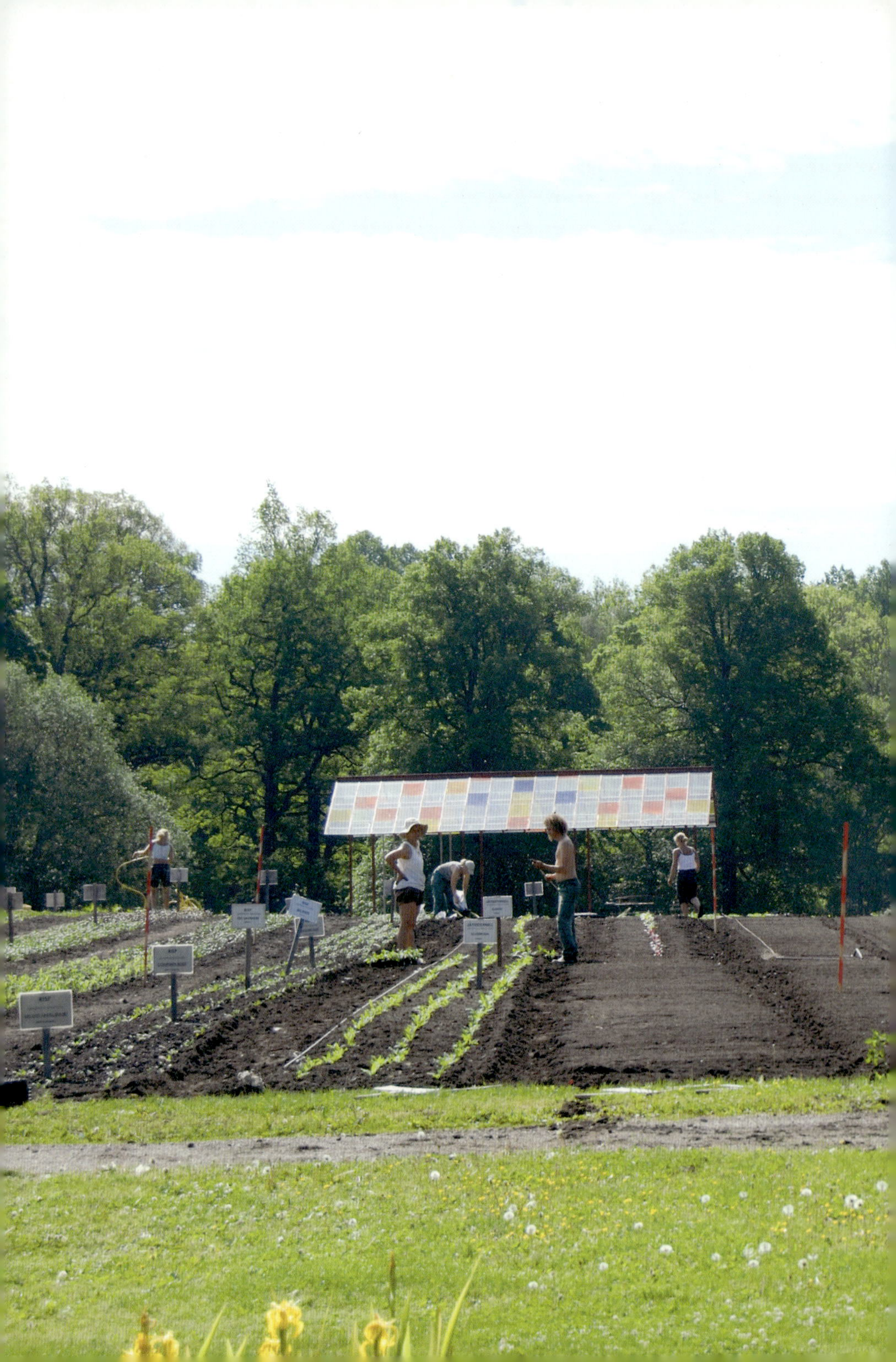

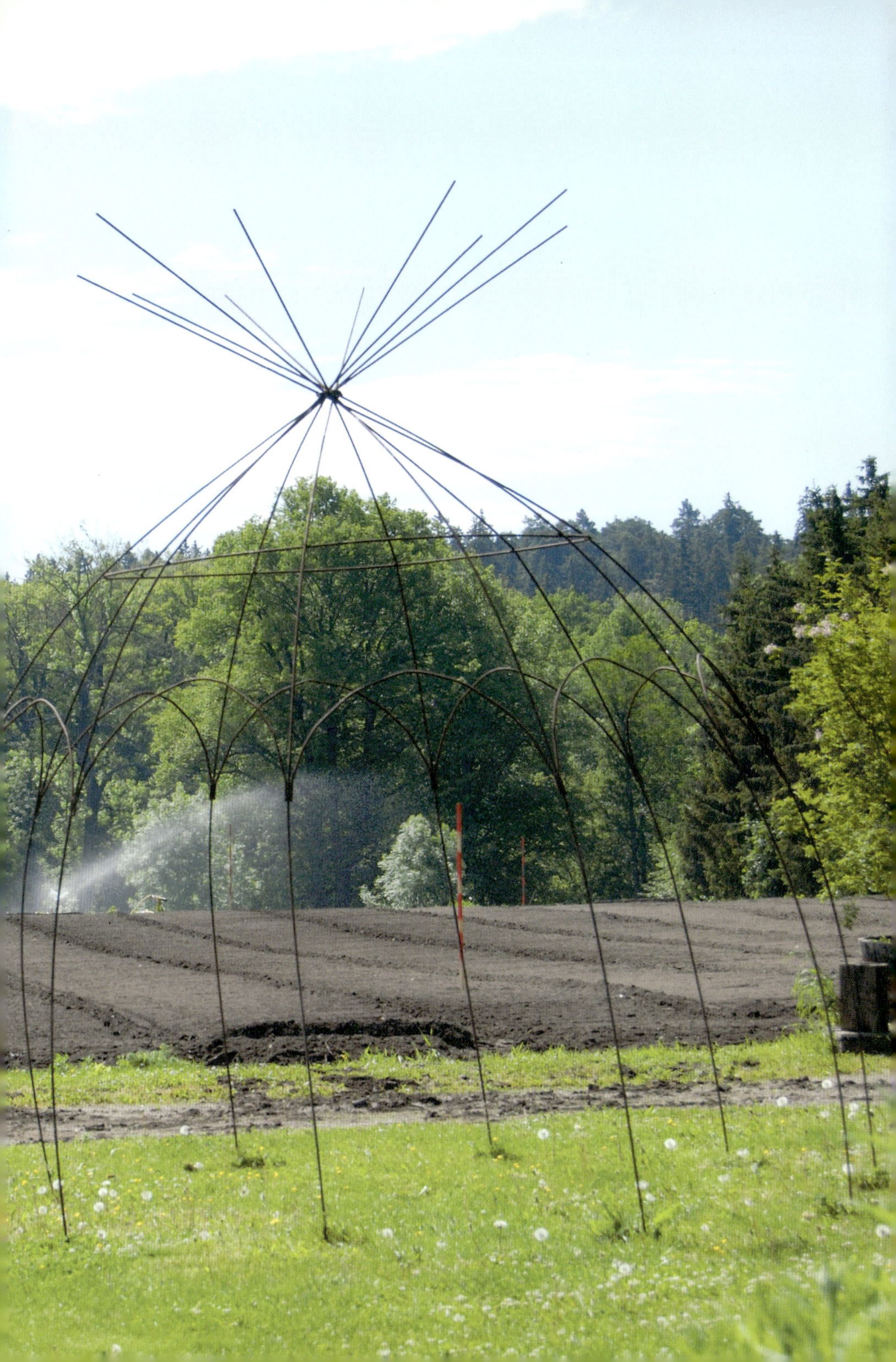

Slottsträdgården Ulriksdal

Garden Shop
ガーデニングショップ

ガーデン作業に必要な道具から、庭をデコレーションするオブジェ、そして植物の苗から種まで。ガーデニングにまつわる、さまざまなグッズが集まるショップ。

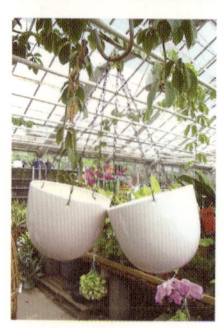

左上：ラベルが分かりやすく貼られているので、お目当ての植物が探しやすい。**中上**：植物の名前がレリーフされたアルミのガーデンピック。**右上**：レベッカという名前のいちご。いちごの種類は特にたくさん揃っていて、白雪姫や赤ずきんちゃんというかわいらしい名前の品種も。**中**：買いものカゴ代わりに使われるカート。**下**：いまシーズンの花の苗が並ぶコーナー。戸外では、種類ごとに植物がそろえられています。

Slottsträdgården Ulriksdal

上：ずらりと並んだ植物の種。花ではスイートピーやカレンデュラ、野菜ではにんじんやサラダ菜、ラディッシュの種が人気。**左中**：サボテンなどの多肉植物で作られた、美しい寄せ植え。
右中：お気に入りの植物を手にレジに並ぶ人たち。マイカートでお買いものに来ている人も。
左下：農園にいるブタさんは、子どもたちの注目の的。

Cafe
カフェ

平日はランチビュッフェ、週末はランチプレートが人気のカフェ。オーガニックな食材を使った料理やベジタリアン・メニューが用意されています。ショーケースの中には、スウィーツも充実していて目移りしそう。

Haga Park
ハーガ公園
Hagaparken, 169 70 SOLNA

ハーガ公園は、世界ではじめて作られた国立のエコパークです。
ソルナという郊外の町にある、ストックホルムでいちばん広い公園。
くねくねとした小道を歩いていくと、森や芝生の広場で
ピクニックをしたり、フリスビーやゲームで遊んだり、お散歩したり、
さわやかな緑を、楽しんでいる人たちに出会うことができました。
園内では、この公園のプランをたてたグスタフ3世のパビリオンや
森の中に突然姿をあらわす、美しい水色の「銅のテント」
グスタフ3世が夏のあいだ、家族と食事を楽しんだ「エコーの神殿」
など、グスタフ調スタイルの優雅な建物を楽しむことができます。
「蝶と鳥の館」では、自由に飛び交う蝶や小鳥たちの様子を
じっくりと観察することもできたり、おすすめの場所もいろいろ。
広々とした開放的な園内では、ゆっくりとした時間が流れていきます。

左上：だ円形をした「エコーの神殿」は、ささやき声が響くユニークな建物。いまではウェディングの場所としても人気。右中：的めがけて、スティックを投げるゲームを楽しんでいた女の子たち。左下：「銅のテント」はグスタフ3世のアイデアで、1787年から90年にかけて作られました。中にはカフェのほかウェディング用のパーティ会場があります。

Haga Park

上：森へと続く小道をお散歩。ロマンティックな風景が、あちこちで見かけられます。左下：やわらかそうな芝生の広場では、ほかにもたくさんの人たちがピクニックを楽しんでいました。みんな思いきり太陽の光をあびて、気持ちよさそう。右下：湖のそばをジョギング。白鳥やカモも岸辺でのんびりひなたぼっこ。

Cafe
カフェ

ハーガの庭の中にあるガーデン・カフェ。ホームメイドのサンドウィッチやケーキを、ガラス張りの温室風の建物の中や戸外のパラソルの席で楽しむことができます。

Haga Park

Fjärilshuset
蝶と鳥の館

ハイビスカスやバナナの木などが葉をしげらせる温室には、500羽近い蝶と小鳥たちが自由に飛び交います。アジアや中米などからやってきた蝶たちは、とても人なつこく、すぐ近くで観察することができます。

Gift Shop
ギフトショップ

ガーデン・カフェのすぐ横にあるギフトショップ。インテリア小物やガーデニンググッズなど、蝶モチーフのアイテムもたくさん。この庭で育てられた植物の苗も売られています。

Zetas Trädgård
ゼタス・トレッドゴード

Blombacken 2, 141 70 SEGELTORP
08 646 03 91
www.zetas.se

ストックホルムの南にあるゼタス・トレッドゴードは
アジアの国々からインスピレーションを得ていたという
ガーデナー、イェスタ・ゼタークベストが作ったガーデンです。
260種のバラに、220種のシャクナゲとアザレア、1500種のハーブ
植物の数は、スウェーデンのガーデンの中でもいちばん！
ここでしか見られないような、めずらしい品種の植物も並びます。
緑にあふれた園内を見ていると、植物のラベルが手書きだったり、
古い木の箱を苗のケースに使っていたり
ちょっとした工夫や手入れに、ガーデナーたちの愛情を感じます。
庭のまん中には、おいしい料理を楽しめるカフェもあって、
午後のお散歩とティータイムに訪れる人も多いそう。
すがすがしい園内は、植物にも人にもやさしい空間です。

左上：現在のオーナーはイェスタ氏の娘、ヴィクトリア。右上：ゼタス・トレッドゴードの入り口を示すプレート。かわいらしい寄せ植えがお出迎え。左中＆左下：頭上にかかげられたプレートには、植物の種類が書かれています。右下：植物の価格は、苗に付けられたカラーテープの色を参考に。テープには、スウェーデン語とラテン語の植物名が記載されています。

Zetas Trädgård

Glasshouse
ガラスハウス

木とガラスで作られた小屋。植物と一緒に、ラフィアで編んだ花のガーランドや、ガラスボトル、石のオブジェなども並べられていて、庭やバルコニーをデコレーションするアイデアが広がります。

Cafe
カフェ

「スウェーデンでいちばんおいしい食事」として表彰されたこともあるカフェ。キッシュやサラダのほか、中国茶やアジアのスパイスを使った料理も楽しめます。

Garden Shop
ガーデニングショップ

白い小屋の中は、ガーデニング用品を扱うショップ。剪定ばさみやプランター、バスケットをはじめ、この庭の植物をベースにした石けんなども販売されています。

Zetas Trädgård

左上：シックなパープルが美しい、ガラス製のガーデンピック。右上：花の手入れをするスタッフ。「ゼタス・トレッドゴード」のロゴ入りTシャツも、なんだかおしゃれ。中：強い日ざしが苦手な植物には、パラソルがかけられています。左下：植物の詳しい情報は、ガーデナーの手書きのプレートを参考に。スタッフたちは、植物の知識が豊富！

上：スコップや熊手、植物を支える支柱など、使いやすそうな道具が揃います。プロフェッショナル用のシンプルな道具だけれど、赤がきれい。左中：庭でキャンドルの光を楽しむガラスのランタン。左下：ガーデン内での買い物用のカート。右下：土を掘り起こしたり、うねを作ったり、雑草を刈ったり、ガーデニング道具も用途にあわせていろいろ。

toute l'équipe du livre

édition PAUMES
Photographe : Hisashi Tokuyoshi
Design : Megumi Mori, Kei Yamazaki, Tomoko Osada
Textes : Coco Tashima
Coordination : Yong Andersson, Nina Jobs, Fumie Shimoji
Éditeur : Coco Tashima
Art direction : Hisashi Tokuyoshi

Contact : info@paumes.com   www.paumes.com

Impression : Makoto Printing System
Distribution : Shufunotomosha

We would like to thank all the artists that contributed to this book.

édition PAUMES ジュウ・ドゥ・ポゥム

ジュウ・ドゥ・ポゥムは、フランスをはじめ海外のアーティストたちの日本での活動をプロデュースするエージェントとしてスタートしました。
魅力的なアーティストたちのことを、より広く知ってもらいたいという思いから、クリエーションシリーズ、ガイドシリーズといった数多くの書籍を手がけています。近著には「パリの花とフローリスト」や「ロンドンのかわいいアトリエ」などがあります。ジュウ・ドゥ・ポゥムの詳しい情報は、www.paumes.comをご覧ください。

また、アーティストの作品に直接触れてもらうスペースとして生まれた「ギャラリー・ドゥー・ディマンシュ」は、インテリア雑貨や絵本、アクセサリーなど、アーティストの作品をセレクトしたギャラリーショップ。ギャラリースペースで行われる展示会も、さまざまなアーティストとの出会いの場として好評です。ショップの情報は、www.2dimanche.comをご覧ください。

thanks to Scandinavian Tourist Board
スカンジナビア政府観光局   www.visitscandinavia.or.jp

北欧ストックホルムのガーデニング
Stockholm's Garden

2007年 6月30日 初版第 1刷発行
2009年 5月31日 初版第 2刷発行

著者:ジュウ・ドゥ・ポウム

発行人:德吉 久、下地 文恵
発行所:有限会社ジュウ・ドゥ・ポウム
〒150-0001 東京都渋谷区神宮前3-5-6
編集部 TEL / 03-5413-5541
www.paumes.com

発売元:株式会社 主婦の友社
〒101-8911 東京都千代田区神田駿河台2-9
販売部 TEL / 03-5280-7551

印刷製本:マコト印刷株式会社

Photos © Hisashi Tokuyoshi
© édition PAUMES 2007 Printed in Japan
ISBN978-4-07-256604-6

R <日本複写権センター委託出版物>
本書(誌)を無断で複写複製(コピー)することは、著作権法上の例外を除き、禁じられています。本書(誌)をコピーされる場合は、事前に日本複写権センター(JRRC)の許諾を受けてください。
日本複写権センター(JRRC)
http://www.jrrc.or.jp eメール:info@jrrc.or.jp 電話:03-3401-2382

＊乱丁本、落丁本はおとりかえします。お買い求めの書店か、主婦の友社販売部 MD企画課 03-5280-7551 にご連絡下さい。
＊記事内容に関する場合はジュウ・ドゥ・ポウム 03-5413-5541 まで。
＊主婦の友社発売の書籍・ムックのご注文はお近くの書店か、コールセンター049-259-1236 まで。主婦の友社ホームページ http://www.shufunotomo.co.jp/ からもお申込できます。

ジュウ・ドゥ・ボゥムのクリエーションシリーズ
北欧デザインの町、ストックホルム
アーティストたちの家をたずねて……

やわらかい光の中、やさしい時間が流れる
Stockholm's Kitchens　ストックホルムのキッチン

焼きたてパンの香りがしてきそうな、あたたかい愛情たっぷりのクリエーション空間……、それがストックホルムのキッチン。シンプルな中にもぬくもりを感じる、29人のアーティストたちのキッチンを紹介。

著者：ジュウ・ドゥ・ボゥム
ISBNコード：978-4-07-249900-9
判型：A5・本文128ページ・オールカラー
本体価格：1,800円（税別）

パパとママの愛情がたっぷり込められた空間
Children's rooms "Stockholm"　ストックホルムの子ども部屋

ストックホルムで活躍するアーティストのパパとママが作りあげた子ども部屋は、まるで絵本の中の世界。家族のつながりや愛情を感じるインテリアに囲まれ、すくすくと成長していく子どもたちの笑顔も素敵な1冊。

著者：ジュウ・ドゥ・ボゥム
ISBNコード：978-4-07-250139-9
判型：A5・本文128ページ・オールカラー
本体価格：1,800円（税別）

おだやかでぬくもりのある北欧の暮らし
Stockholm's Apartments　北欧ストックホルムのアパルトマン

ディスプレイの工夫や美しい色合わせ、心地いい暮らしの形が感じられる、ストックホルムのアーティスト27人の家。ひとり暮らしの女の子からファミリータイプ、ペットと一緒の住まいまで、インテリアの参考に！

著者：ジュウ・ドゥ・ボゥム
ISBNコード：978-4-07-254002-2
判型：A5・本文128ページ・オールカラー
本体価格：1,800円（税別）

ご注文はお近くの書店、または主婦の友社コールセンター(049-259-1236)まで。
主婦の友社ホームページ(http://www.shufunotomo.co.jp/)からもお申込できます。

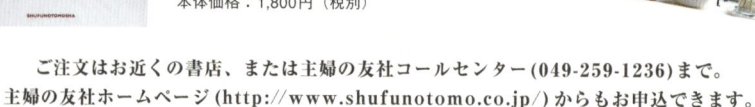